LES TUNIQUES BLEUES
DES BLEUS EN NOIR ET BLANC
LES BLEUS TOURNENT COSAQUES
LES BLEUS DANS LA GADOUE
LE BLANC-BEC
RUMBERLEY
DUEL DANS LA MANCHE
LES COUSINS D'EN FACE
DES BLEUS ET DES BOSSES
L'OR DU QUÉBEC
ÉMEUTES À NEW YORK
LES BLEUS EN FOLIE
LA ROSE DE BANTRY
ARABESQUE
MISS WALKER
REQUIEM POUR UN BLEU
LES QUATRE ÉVANGÉLISTES
BULL RUN
LES BLEUS DE LA MARINE
LES HOMMES DE PAILLE
BENNY
STARK SOUS TOUTES LES COUTURES
LES NANCY HART
LE DAVID
LA PRISON DE ROBERTSONVILLE
LA TRAQUE
SANG BLEU CHEZ LES BLEUS
CAPTAIN NEPEL
LES PLANQUÉS
PUPPET BLUES
QUI VEUT LA PEAU DU GÉNÉRAL ?
DES BLEUS ET DU BLUES
DES BLEUS DANS LE BROUILLARD
Montréal
Ottawa
Brooklyn
Cuba
Liverpool
ANGLETERRE
Manche

Dentisterie et guerre de Sécession (1861-1865)

par Xavier Riaud*

En 1859, il n'y a pas de service dentaire dans l'armée américaine. Davis, ministre de la Guerre, et Lawson, chirurgien général, ont l'idée d'en créer un. Le projet échoue. En 1860, la dentisterie n'est pas une discipline médicale. Il n'existe que 4 écoles pour enseigner celle-ci : le Collège de Baltimore fondé en 1839, premier au monde, celui de l'Ohio à Cincinnati créé en 1846, celui de Pennsylvanie à Philadelphie ouvert en 1853 et celui de Philadelphie fondé en 1864. Entre 1841 et 1860, 532 étudiants sont diplômés et en 1864, 38.
Les fournitures viennent d'usines situées dans le Nord.
Le 12 avril 1861, la guerre civile commence.

L'Union ne met pas de dentistes au service des troupes. Marshall, vétéran du second de cavalerie de l'État de New York et premier dentiste de l'armée américaine en 1901, dit en 1909 : « Dans notre armée, les abcès étaient percés et les dents, extraites par un assistant hospitalier avec un bras droit musclé. » Les extractions sont souvent incomplètes et des racines résiduelles subsistent, causes de problèmes ultérieurs. Les soldats consultent des dentistes civils et payent avec leur solde. Lorsque Sherman arrive à Savannah (1864), ses hommes se rendent aux cabinets dentaires de la ville.
Un dentiste dit d'eux : « Les cas d'urgence nécessiteraient 100 dentistes pendant 6 mois. »
Le brossage est rare. L'alimentation sans légumes, ni fruits frais est responsable, en 1861, du scorbut, générant la perte des dents. Les dents cariées, les édentements ou les maladies parodontales sont des motifs d'exemption. Lors de la mobilisation de 1863, sur les 255 188 hommes examinés, 5 230 sont exemptés pour raison dentaire. Sans incisives, un soldat ne peut déchirer ses cartouches pour charger son fusil et, ne pouvant mâcher, son état de santé est alarmant. Mais il peut servir dans l'artillerie. Un soldat en bonne santé est meilleur qu'un autre à la santé fragile.

Le Sud dispose d'une armée de 600 000 soldats qui ont besoin de soins dentaires. Les brosses à dents sont rares et l'alimentation est carencée. Un simple soldat ne reçoit que 18 $ confédérés. Un plombage coûte 120 $, une extraction 20 $ et un appareil du haut varie entre 1 800 et 4 000 $. Moore, chirurgien général sudiste, décrète la conscription des dentistes. Le 4 novembre 1864, le directeur du C. S. Hospital de Virginie atteste que les soins dentaires sont effectués par des soldats dentistes.
Un soldat admis dans un hôpital a un examen dentaire et les soins sont faits en accord avec un officier médical. Les dentistes apportent leurs instruments. Les fournitures sont à la charge de l'hôpital. Le rang et le salaire dépendent de la situation militaire du dentiste. Des rapports mensuels de leurs interventions sont rendus au chirurgien général. Dans un hôpital, une salle éclairée est prêtée avec l'eau courante, du savon, des linges et un assistant. Les fauteuils sont construits par les menuisiers de l'hôpital. Une cuvette en étain sert de crachoir. En hiver, un feu est entretenu dans la pièce. Une ambulance conduit les dentistes vers les hôpitaux qui sont situés hors des villes.
Les appareils sont faits par des dentistes civils. L'ébonite est préférée pendant le conflit. Pour les caries, une fraise manuelle nettoie la dent. Le plombage est inséré et poli. Si la pulpe est retirée, de la créosote est mise en fond de cavité avec de l'or ou de l'étain dessus. Un amalgame est souvent substitué à l'or qui est plus utilisé dans l'Ouest.
Le *Southern Dental Examiner*, seul journal dentaire du Sud, montre des publicités de Brown & Hape pour ces plombages. Cette manufacture extrait et vend le métal dans tout le Sud.
En 1861, l'Union considère que le matériel médical est un produit de contrebande. Elle décrète le blocus. Le Sud est exsangue. Les prisonniers sont volés, des cargaisons venant de l'Europe traversent le blocus et des laboratoires élaborent des produits pharmaceutiques de piètre qualité.

James Baxter Bean (1834-1870) est diplômé en 1860 de l'École dentaire de Baltimore et officie à Atlanta en Géorgie. Il travaille pour Brown & Hape, en mai 1862. Il invente une attelle inter-dentaire en caoutchouc indien rigide vulcanisé qui réduit la fracture et la fixe. Les soldats sont souvent blessés au visage. Les fragments osseux sont immobilisés et le patient peut se nourrir. Bean soigne 100 cas avec succès à Atlanta. Devant ces résultats, Moore confie à Bean les structures hospitalières requises pour le traitement des soldats blessés au visage.

(*) Docteur en chirurgie dentaire, docteur en épistémologie, histoire des sciences et des techniques, lauréat et membre associé national de l'Académie nationale de chirurgie dentaire, membre libre de l'Académie nationale de chirurgie.

Riaud Xavier, *Les dentistes américains dans la guerre de Sécession (1861-1865)*, 2e édition, L'Harmattan, coll. « Médecine à travers les siècles », Paris, 2012, 218 p.

www.lestuniquesbleues.com

D.2014/0089/059 — R.6/2016.
ISBN 978-2-8001-6101-3 — ISSN 0772-0718

Imprimé en Roumanie par G. CANALE & C S.A.
www.dupuis.com

"LES TUNIQUES BLEUES"

LES BLEUS SE METTENT AU VERT

DESSINS : WILLY LAMBIL
SCÉNARIO : RAOUL CAUVIN
COULEURS : LEONARDO

DUPUIS

QU'EST-CE QUI LUI EST ARRIVÉ ?...
... LE SCORBUT !
... LE QUOI ?! QU'EST-CE ENCORE QUE CE TRUC-LÀ ?!
U.S. MEDICAL CORPS
INFIRMARY
1A.
... UNE MALADIE QUI DÉBUTE AU NIVEAU DES GENCIVES...
CELLES-CI DEVIENNENT SPONGIEUSES ET SE METTENT À SAIGNER AU MOINDRE CONTACT, EMPÊCHANT LE MALHEUREUX DE S'ALIMENTER. SES DENTS S'ÉBRANLENT ET COMMENCENT À TOMBER !
BÊERK !
LES DOULEURS DEVIENNENT INTENSES, LA SALIVE ABONDANTE, L'HALEINE FÉTIDE... IL SE RETROUVE AMAIGRI, ANÉMIÉ, ATTEINT D'HÉMORRAGIES CUTANÉES, SOUS LA FORME DE PURPURA.
BÊRK BÊRK BÊRK
... À CE STADE, IL N'A PLUS AUCUNE CHANCE D'EN SORTIR !
C'EST FINI, OUI ?!
1B.

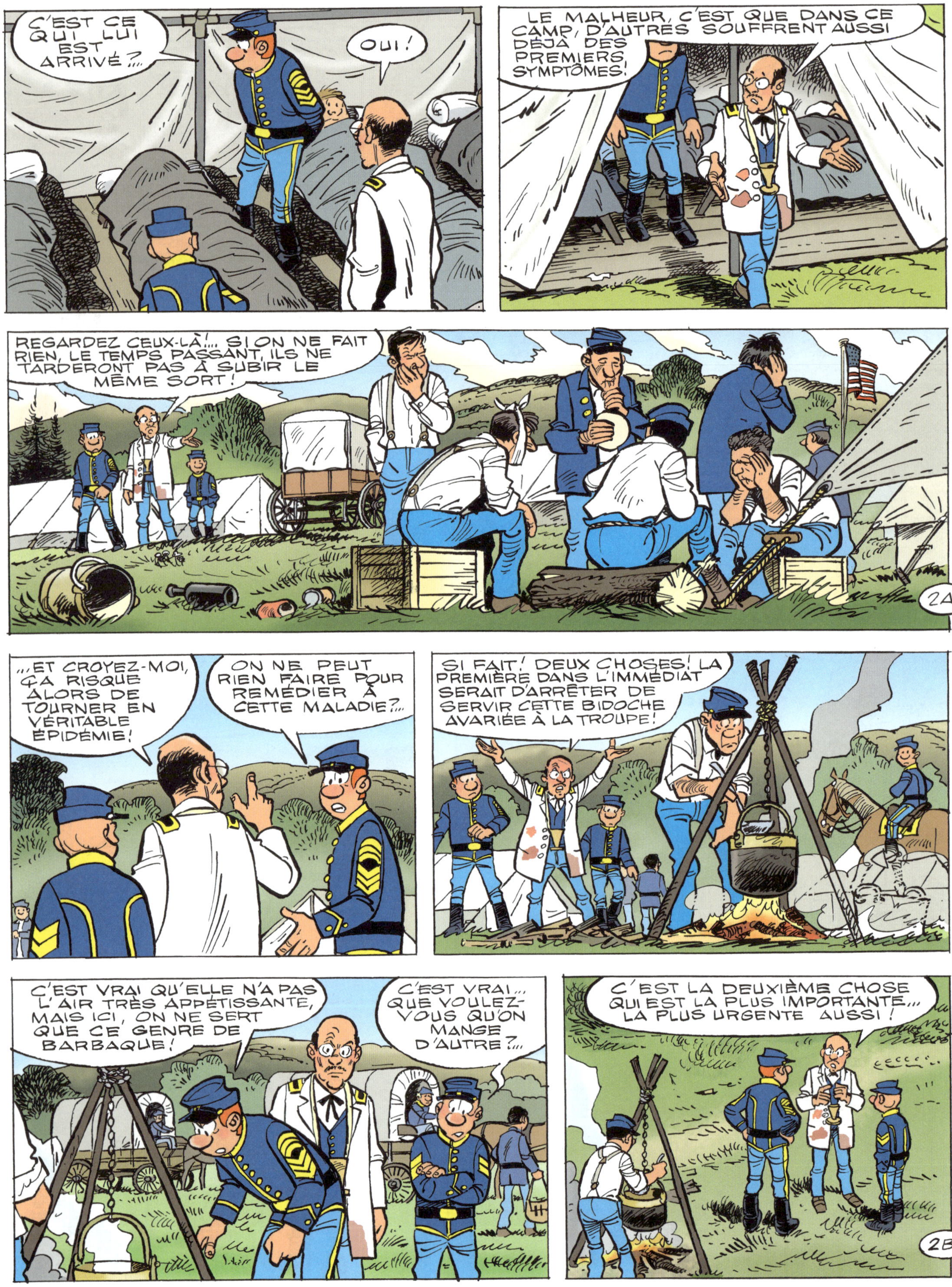

C'EST CE QUI LUI EST ARRIVÉ ?...
OUI !
LE MALHEUR, C'EST QUE DANS CE CAMP, D'AUTRES SOUFFRENT AUSSI DÉJÀ DES PREMIERS SYMPTÔMES !
REGARDEZ CEUX-LÀ !... SI ON NE FAIT RIEN, LE TEMPS PASSANT, ILS NE TARDERONT PAS À SUBIR LE MÊME SORT !
2A.
...ET CROYEZ-MOI, ÇA RISQUE ALORS DE TOURNER EN VÉRITABLE ÉPIDÉMIE !
ON NE PEUT RIEN FAIRE POUR REMÉDIER À CETTE MALADIE ?...
SI FAIT ! DEUX CHOSES ! LA PREMIÈRE DANS L'IMMÉDIAT SERAIT D'ARRÊTER DE SERVIR CETTE BIDOCHE AVARIÉE À LA TROUPE !
C'EST VRAI QU'ELLE N'A PAS L'AIR TRÈS APPÉTISSANTE, MAIS ICI, ON NE SERT QUE CE GENRE DE BARBAQUE !
C'EST VRAI... QUE VOULEZ-VOUS QU'ON MANGE D'AUTRE ?...
C'EST LA DEUXIÈME CHOSE QUI EST LA PLUS IMPORTANTE... LA PLUS URGENTE AUSSI !
2B.

...DISTRIBUER DES ALIMENTS FRAIS! IL EN A DE BONNES, LE TOUBIB! ET D'ABORD, QU'EST-CE QU'IL ENTEND PAR ALIMENTS FRAIS?
...DES CHOUX... DES NAVETS... DES CITRONS... DES FRUITS... DE LA VIANDE FRAÎCHE AUSSI...
HQ
BEN TIENS!... ET OÙ VEUT-IL QUE JE TROUVE TOUT ÇA?!
...EN ABANDONNANT CES LIEUX, LES CONFÉDÉRÉS ONT PRATIQUÉ LA POLITIQUE DE LA TERRE BRÛLÉE!
ILS N'ONT LAISSÉ DERRIÈRE EUX QUE RUINES ET DÉSOLATION À DES KILOMÈTRES À LA RONDE!
...ET SI ON ENVOYAIT UN MESSAGER VERS NOS BASES ARRIÈRE?
UNE FOIS MISES AU COURANT DE NOTRE SITUATION, ELLES NE MANQUERONT PAS DE FAIRE LE MAXIMUM POUR NOUS FAIRE PARVENIR CES DENRÉES DONT NOUS AVONS BESOIN.
NOS BASES ARRIÈRE SONT À DES LIEUES D'ICI. À SUPPOSER QU'ELLES ARRIVENT À NOUS ENVOYER UN CONVOI DE CHARIOTS, IL METTRA UN TEMPS FOU À ARRIVER JUSQU'À NOUS!
C'EST CERTAIN... SI ELLES CHARGENT DES ŒUFS FRAIS LÀ-BAS, CE SONT DES POUSSINS QUI ARRIVERONT!
...ET LE TRAIN?... VOUS Y AVEZ PENSÉ?... CE SERAIT LE MOYEN LE PLUS RAPIDE.

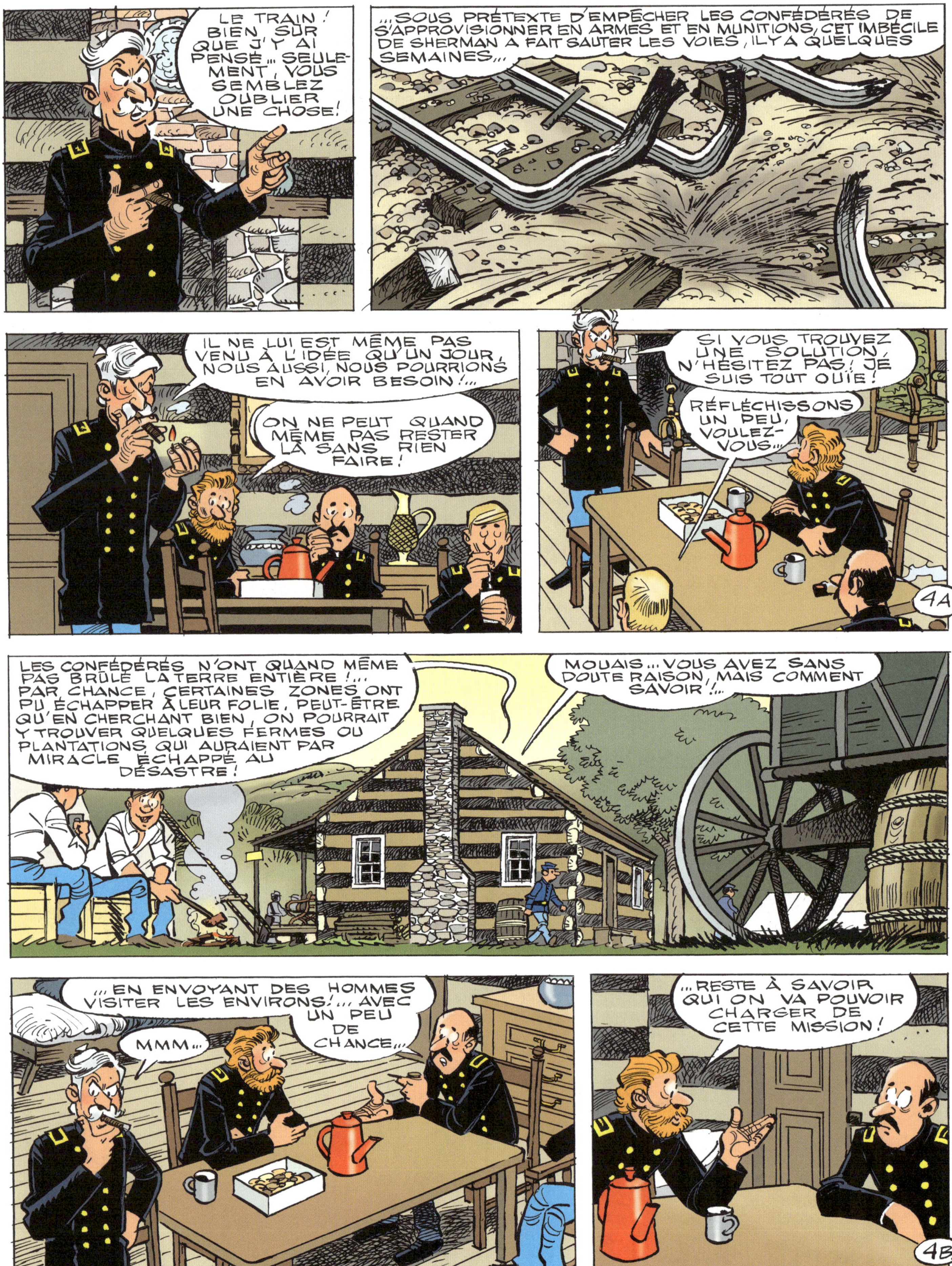
LE TRAIN ! BIEN SÛR QUE J'Y AI PENSÉ... SEULEMENT, VOUS SEMBLEZ OUBLIER UNE CHOSE !
...SOUS PRÉTEXTE D'EMPÊCHER LES CONFÉDÉRÉS DE S'APPROVISIONNER EN ARMES ET EN MUNITIONS, CET IMBÉCILE DE SHERMAN A FAIT SAUTER LES VOIES, IL Y A QUELQUES SEMAINES...
IL NE LUI EST MÊME PAS VENU À L'IDÉE QU'UN JOUR, NOUS AUSSI, NOUS POURRIONS EN AVOIR BESOIN !...
ON NE PEUT QUAND MÊME PAS RESTER LÀ SANS RIEN FAIRE !
SI VOUS TROUVEZ UNE SOLUTION, N'HÉSITEZ PAS ! JE SUIS TOUT OUÏE !
RÉFLÉCHISSONS UN PEU, VOULEZ-VOUS...
4A.
LES CONFÉDÉRÉS N'ONT QUAND MÊME PAS BRÛLÉ LA TERRE ENTIÈRE !... PAR CHANCE, CERTAINES ZONES ONT PU ÉCHAPPER À LEUR FOLIE, PEUT-ÊTRE QU'EN CHERCHANT BIEN, ON POURRAIT Y TROUVER QUELQUES FERMES OU PLANTATIONS QUI AURAIENT PAR MIRACLE ÉCHAPPÉ AU DÉSASTRE !
MOUAIS... VOUS AVEZ SANS DOUTE RAISON, MAIS COMMENT SAVOIR !...
...EN ENVOYANT DES HOMMES VISITER LES ENVIRONS !... AVEC UN PEU DE CHANCE...
MMM...
...RESTE À SAVOIR QUI ON VA POUVOIR CHARGER DE CETTE MISSION !
4B.

SI J'AI BIEN COMPRIS, SI ON RESTE ICI À POIREAUTER ENCORE LONGTEMPS, ON AURA LE CHOIX...
QUEL CHOIX?...
...MOURIR SOUS LES BALLES DES CONFÉDÉRÉS OU TRÉPASSER BÊTEMENT ÉDENTÉS...
...ET VOILÀ! ENCORE UNE FOIS, IL FAUT QUE VOUS VOYIEZ TOUT EN NOIR!
ON PEUT TRÈS BIEN ÉCHAPPER À L'UN OU À L'AUTRE... REGARDEZ STARK... IL SE PORTE COMME UN CHARME!
SPUD
?
5A.
QU'EST-CE QUE C'EST?...
UNE DENT!
OH NOON! VOUS CROYEZ QUE...?
...UNE, CE N'EST PAS GRAVE, MAIS VOUS AVEZ ENTENDU LE TOUBIB... S'IL VENAIT À LES PERDRE TOUTES...
FAARVEEZ!
5B.

...ET VOUS TROUVEZ ÇA DRÔLE ?...
BEN OUI, QUAND MÊME !
LE GÉNÉRAL ALEXANDER VOUS DEMANDE, SERGENT.
IL T'A DIT POURQUOI ?...
BIEN SÛR QUE NON. J'AI ENTENDU PARLER D'UNE MISSION SPÉCIALE. JE N'EN SAIS PAS PLUS.
J'ESPÈRE QUE CET IMBÉCILE NE VA PAS ENCORE ACCEPTER BÊTEMENT DE SE PORTER VOLONTAIRE !
6A.
C'EST UN ORDRE !
ON PEUT SAVOIR ...?
6B.

IL FAUT D'ABORD QUE VOUS SACHIEZ UNE CHOSE... QUAND J'AI SU, J'AI D'ABORD REFUSÉ TOUT NET !
AH, BON ?... CE N'EST PAS DANS VOS HABITUDES, ÇA !
APRÈS, IL A BIEN FALLU QUE JE M'INCLINE... LES ORDRES SONT LES ORDRES... ON NE LES DISCUTE PAS !
JE VOUS RECONNAIS BIEN LÀ !
ÉCOUTEZ... J'IGNORE LE GENRE DE MISSION QU'IL VOUS A CONFIÉE, MAIS SACHEZ AUSSI QUE TOUS MES VOEUX VOUS ACCOMPAGNENT.
QU'IL NOUS A CONFIÉE...
HEIN ?!... NE ME DITES PAS QUE...
SI, IL EXIGE QUE NOUS LA MENIONS À BIEN TOUS LES DEUX !
7A.
AH NON ! AH NON ! IL N'EN EST PAS QUESTION !
IL PEUT ALLER SE BROSSER, ALEXANDER ! PRRT...
PRRT...
POUR UNE FOIS, JE SUIS D'ACCORD AVEC VOUS !
?
JE ME DEMANDE SI, POUR UNE FOIS, JE NE VAIS PAS PASSER OUTRE À SES ORDRES ET ALLER M'ÉTENDRE QUELQUE PART PAR LÀ EN ATTENDANT D'ÊTRE RATTRAPÉ PAR LE SCORBUT.
ALORS LÀ, VOUS COMMENCEZ À M'INQUIÉTER... ELLE CONSISTE EN QUOI CETTE MISSION ?...
7B.

EH BIEN?...
...RETOURNER À L'ARRIÈRE À LA RECHERCHE DE CHOUX ET DE NAVETS...
...ENTRE AUTRES...
...DE CHOUX ET DE NAVETS!!
??? ??
PINCEZ-MOI, LÀ! JE RÊVE!
UN RÊVE?... DITES PLUTÔT UN CAUCHEMAR!
8A.
...PARTIR À LA RECHERCHE DE CHOUX ET DE NAVETS, MAIS C'EST UNE MISSION MAGNIFIQUE, ÇA!
POUR UNE FOIS, ON NE RISQUERA PAS DE SE FAIRE TIRER DESSUS!
QU'EST-CE QUI VOUS DÉRANGE?
CE N'EST PAS LE GENRE DE MISSION QUE L'ON CONFIE À DES SOLDATS!
AH BON?... ON PEUT SAVOIR POURQUOI?...
CE SONT DES FUSILS QU'ILS AIMENT AVOIR DANS LES MAINS, PAS DES CAGEOTS!
NOUS SOMMES DES COMBATTANTS, BLUTCH... PAS DES MARAÎCHERS!
MON DIEU, QU'IL EST BÊTE!
8B.

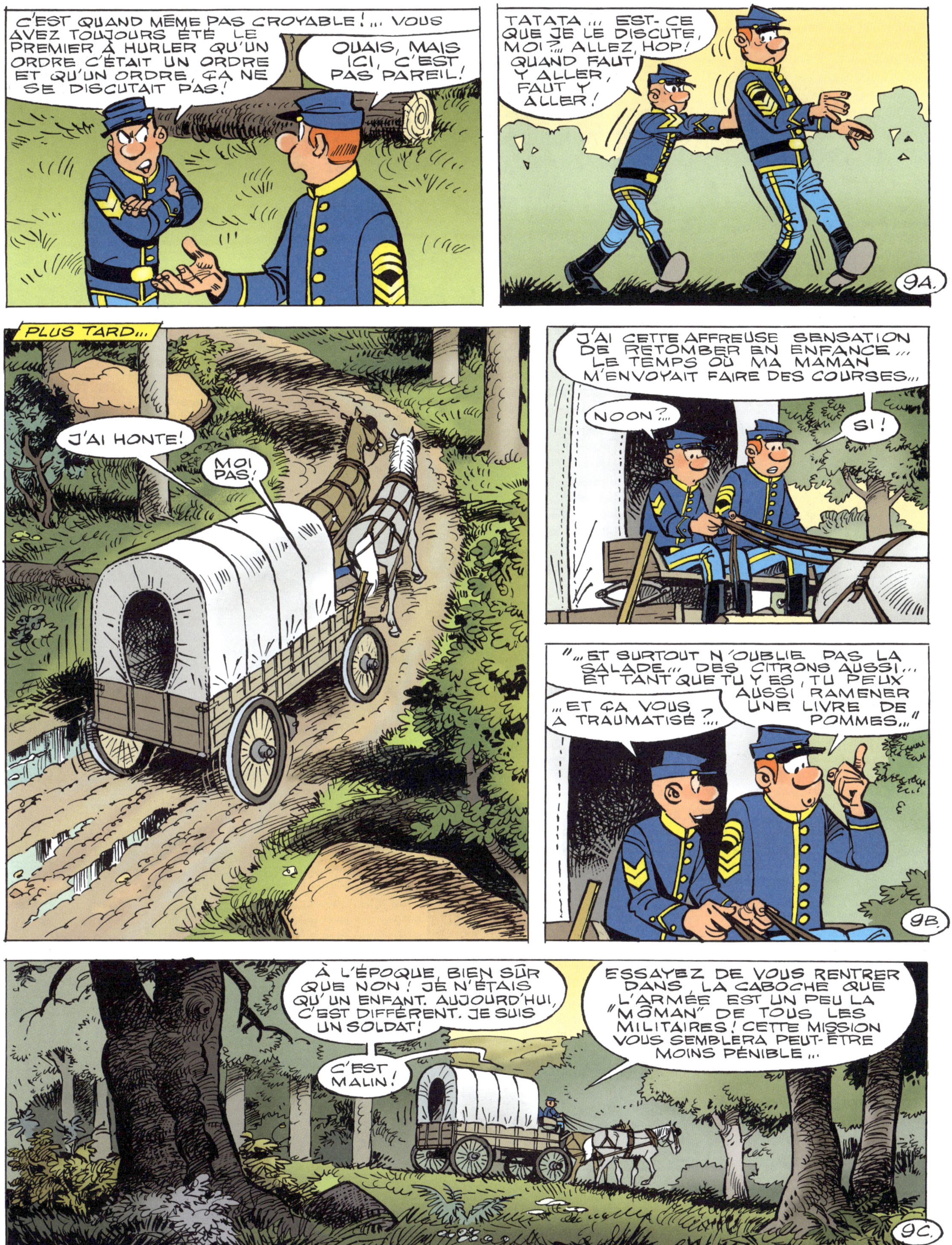
C'EST QUAND MÊME PAS CROYABLE !... VOUS AVEZ TOUJOURS ÉTÉ LE PREMIER À HURLER QU'UN ORDRE C'ÉTAIT UN ORDRE ET QU'UN ORDRE, ÇA NE SE DISCUTAIT PAS !
OUAIS, MAIS ICI, C'EST PAS PAREIL !
TATATA... EST-CE QUE JE LE DISCUTE, MOI ?... ALLEZ, HOP ! QUAND FAUT Y ALLER, FAUT Y ALLER !
9A.
PLUS TARD...
J'AI HONTE !
MOI PAS !
J'AI CETTE AFFREUSE SENSATION DE RETOMBER EN ENFANCE... LE TEMPS OÙ MA MAMAN M'ENVOYAIT FAIRE DES COURSES...
NOON ?...
SI !
"...ET SURTOUT N'OUBLIE PAS LA SALADE... DES CITRONS AUSSI... ET TANT QUE TU Y ES, TU PEUX AUSSI RAMENER UNE LIVRE DE POMMES..."
...ET ÇA VOUS A TRAUMATISÉ ?...
9B.
À L'ÉPOQUE, BIEN SÛR QUE NON ! JE N'ÉTAIS QU'UN ENFANT. AUJOURD'HUI, C'EST DIFFÉRENT. JE SUIS UN SOLDAT !
C'EST MALIN !
ESSAYEZ DE VOUS RENTRER DANS LA CABOCHE QUE L'ARMÉE EST UN PEU LA "MÔMAN" DE TOUS LES MILITAIRES ! CETTE MISSION VOUS SEMBLERA PEUT-ÊTRE MOINS PÉNIBLE...
9C.

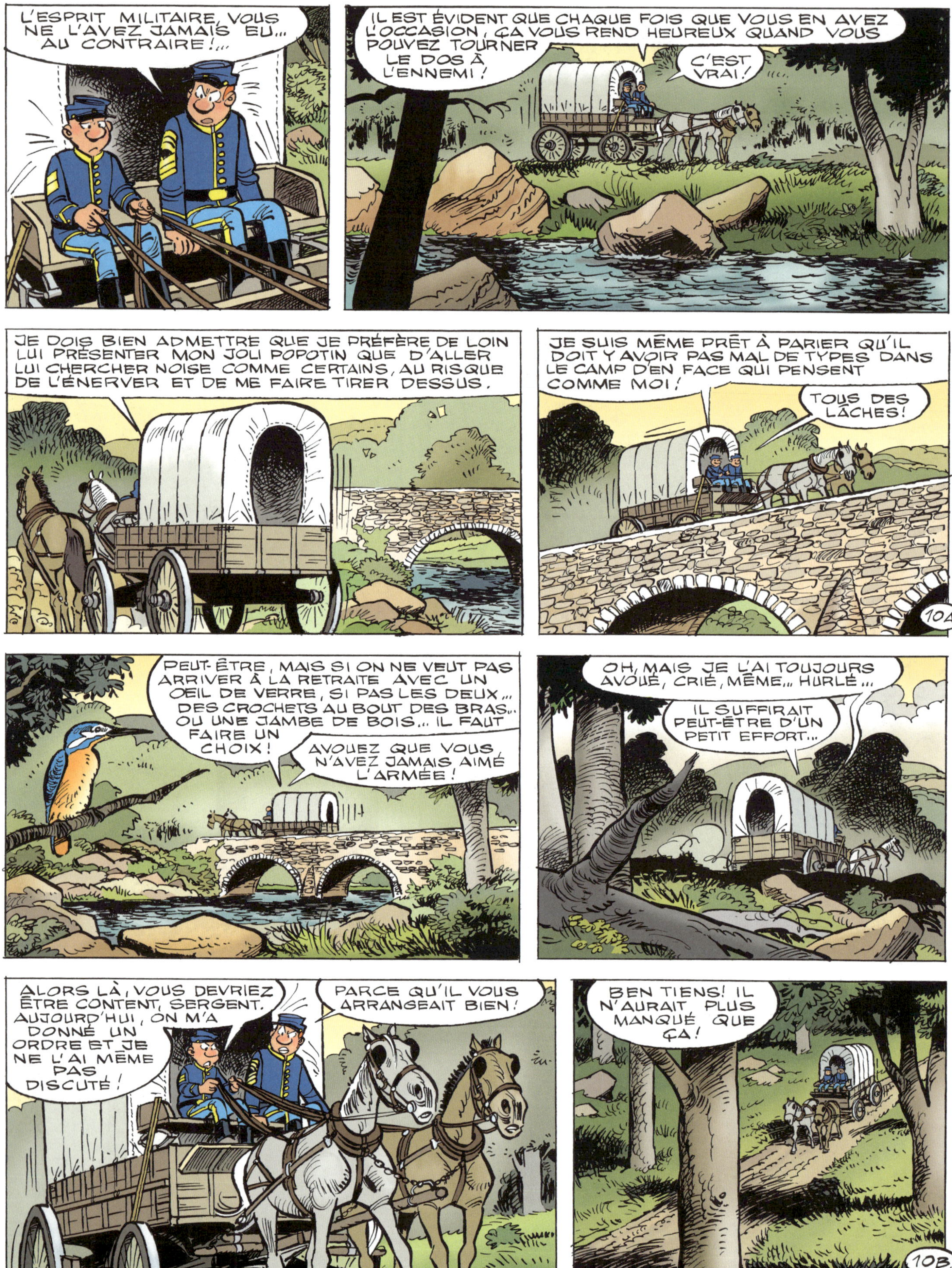

L'ESPRIT MILITAIRE, VOUS NE L'AVEZ JAMAIS EU... AU CONTRAIRE !...
IL EST ÉVIDENT QUE CHAQUE FOIS QUE VOUS EN AVEZ L'OCCASION, ÇA VOUS REND HEUREUX QUAND VOUS POUVEZ TOURNER LE DOS À L'ENNEMI !
C'EST VRAI !
JE DOIS BIEN ADMETTRE QUE JE PRÉFÈRE DE LOIN LUI PRÉSENTER MON JOLI POPOTIN QUE D'ALLER LUI CHERCHER NOISE COMME CERTAINS, AU RISQUE DE L'ÉNERVER ET DE ME FAIRE TIRER DESSUS.
JE SUIS MÊME PRÊT À PARIER QU'IL DOIT Y AVOIR PAS MAL DE TYPES DANS LE CAMP D'EN FACE QUI PENSENT COMME MOI !
TOUS DES LÂCHES !
10A.
PEUT-ÊTRE, MAIS SI ON NE VEUT PAS ARRIVER À LA RETRAITE AVEC UN OEIL DE VERRE, SI PAS LES DEUX... DES CROCHETS AU BOUT DES BRAS... OU UNE JAMBE DE BOIS... IL FAUT FAIRE UN CHOIX !
AVOUEZ QUE VOUS N'AVEZ JAMAIS AIMÉ L'ARMÉE !
OH, MAIS JE L'AI TOUJOURS AVOUÉ, CRIÉ, MÊME... HURLÉ...
IL SUFFIRAIT PEUT-ÊTRE D'UN PETIT EFFORT...
ALORS LÀ, VOUS DEVRIEZ ÊTRE CONTENT, SERGENT. AUJOURD'HUI, ON M'A DONNÉ UN ORDRE ET JE NE L'AI MÊME PAS DISCUTÉ !
PARCE QU'IL VOUS ARRANGEAIT BIEN !
BEN TIENS ! IL N'AURAIT PLUS MANQUÉ QUE ÇA !
10B.

PLUS TARD...
...ET MOI, JE VOUS DIS QU'ON NE TROUVERA NI FERME NI PLANTATION PAR ICI !...
C'EST VRAI QUE LES CONFÉDÉRÉS N'ONT PAS LAISSÉ GRAND-CHOSE DERRIÈRE EUX !
ÇA FAIT DES HEURES QU'ON CHERCHE !... ON A FAIT LE MAXIMUM !... ON VA RETOURNER AU CAMP ! JE FERAI UN RAPPORT À ALEXANDER !
HORS DE QUESTION !
MAIS MILLE MILLIARDS, PUISQUE JE VOUS DIS QU'ON NE TROUVERA RIEN !...
PEUT-ÊTRE DERRIÈRE LA COLLINE, LÀ-BAS !
HERE LIES H.A. FOG 1802 1851
D'ACCORD ! ON EN FAIT LE TOUR ET SI ON NE TROUVE RIEN, ON RENTRE !
VU ?
11A.
?!
LÀ !
11B.

DES POMMES! DES MILLIERS DE POMMES ... DE QUOI REMPLIR TOUT LE CHARIOT!
CLICK:
VEUILLEZ REPOSER CETTE POMME OÙ VOUS L'AVEZ TROUVÉE!
...ET À PRÉSENT, DITES-MOI CE QUI VOUS AMÈNE ICI!
... UNE PARTIE DE L'ARMÉE U.S. A UN URGENT BESOIN QUE VOUS LUI FASSIEZ UN DON!
12A.
ALLONS BON! D'HABITUDE, L'ARMÉE NE DEMANDE JAMAIS RIEN! QUAND ELLE ARRIVE CHEZ VOUS, D'ACCORD OU PAS D'ACCORD, ELLE SE SERT ET PUIS C'EST TOUT!
ALLONS, ALLONS... QU'EST-CE QUI VOUS FAIT CROIRE ÇA?...
IL Y A PEU DE TEMPS, ILS SONT VENUS CHEZ MOI... DES MILITAIRES COMME VOUS. ILS ONT EMMENÉ MON FILS ET RÉQUISITIONNÉ MES CHEVAUX POUR LA BONNE CAUSE QU'ILS DISAIENT!
QU'EST-CE QU'ILS VEULENT ENCORE À PRÉSENT?... MA FEMME?...
AH AH AH! MAIS NON, VOYONS!
... VOS FRUITS!
MES FRUITS?...
12B.

IL RISQUE D'Y AVOIR UNE GRAVE ÉPIDÉMIE DE SCORBUT CHEZ NOUS ! POUR ENRAYER CETTE MALADIE, UNE SEULE SOLUTION ... DES FRUITS FRAIS... UN TAS DE FRUITS FRAIS !
APPAREMMENT, VOUS EN AVEZ À PROFUSION, ICI ! NOUS VOUS DEMANDONS JUSTE DE NOUS EN CÉDER UNE PARTIE ...
...D'ACCORD !
L'ARMÉE VOUS DIT MERCI !
13A.
L'ARMÉE !... FAITES D'ABORD EN SORTE QU'ELLE ME RENDE MON FILS ET MES CHEVAUX ET VOUS EMPORTEREZ CE QUE VOUS VOULEZ !
EUH... DÉSOLÉ, MAIS CE N'EST PAS NOUS QUI DÉCIDONS ! NOUS DEVONS EN RÉFÉRER EN HAUT LIEU !
COMME VOUS VOUDREZ ! MAIS EN ATTENDANT, PAS UNE POMME NE QUITTERA MON VERGER !... PAS UN TROGNON !... MÊME PAS UN PÉPIN !
...ET MAINTENANT, QUE FAIT-ON, BLUTCH ?...
QUE VOULEZ-VOUS QU'ON FASSE ?... ON VA CHERCHER AILLEURS !
13B.

POURQUOI AVOIR INSISTÉ SUR LA MISSION MILITAIRE, ESPÈCE DE ...! ÇA LUI A DIRECTEMENT FICHU DES BOUTONS, ET JE LE COMPRENDS!
...ET QUE VOULIEZ-VOUS QUE JE DISE D'AUTRE?!... QUE NOUS VOULIONS SOLLICITER UN CHARIOT DE POMMES RIEN QUE POUR NOUS DEUX?!
...ET POURQUOI PAS?... ON PEUT AIMER LES POMMES!
...AU POINT D'EN MOURIR DE COLIQUES! ON NE LUI AURAIT JAMAIS FAIT AVALER ÇA!
EH!... VOUS NOUS EMMENEZ OÙ, LÀ?...
CETTE RÉGION PARAÎT AVOIR ÉTÉ ÉPARGNÉE. SI ON Y A TROUVÉ UNE PLANTATION, IL DOIT SÛREMENT Y EN AVOIR D'AUTRES!
HEIN?!
14A.
...PARCE QUE VOUS TROUVEZ QU'ON N'EN A PAS ENCORE FAIT ASSEZ?...
ON VIENT À PEINE DE COMMENCER!
ON RENTRE!
MAIS...
C'EST UN ORDRE!...
COMME VOUS VOUDREZ!
...N'EMPÊCHE QUE...
N'EMPÊCHE QUE QUOI?!... ALLEZ-Y, MAIS JE VOUS AVERTIS... JE NE CHANGERAI PAS D'AVIS!
J'EN CONNAIS UN QUI VA ÊTRE DRÔLEMENT DÉÇU!
QUI ÇA?
14B.

BEN, ALEXANDER, QUAND IL NOUS VERRA REVENIR AVEC LE CHARIOT VIDE...
...ET SURTOUT QUAND JE LUI AURAI EXPLIQUÉ QUE C'EST DE VOTRE FAUTE...
...DE MA FAUTE ?!...
VOUS M'AVEZ DONNÉ L'ORDRE D'ABANDONNER LES RECHERCHES, NON ?...
VOUS LUI DIRIEZ ÇA ?...
C'EST LA VÉRITÉ, NON ?...
...ET VOUS CONNAISSEZ LE GÉNÉRAL... IL A PAS TOUJOURS UN CARACTÈRE FACILE !...
15A.
TEL QUE JE LE CONNAIS, IL SERAIT BIEN CAPABLE DE VOUS FAIRE AVALER VOS GALONS !
...CE QUI, SOIT DIT EN PASSANT, NE VOUS METTRA PAS À L'ABRI DU SCORBUT.
M'ENFIN, C'EST VOUS QUI DÉCIDEZ !
STOP ! DEMI-TOUR ! ON CONTINUE !
PARDON ?...
ON CONTINUE !
...FAUDRAIT QUAND MÊME SAVOIR CE QUE VOUS VOULEZ !
ÇA VA ! ÇA VA !
15B.

COURRIER POUR LE GÉNÉRAL!
VOYEZ CE QUE C'EST, STILMAN...
ALLONS BON!
QUOI?... QUELLES SONT LES NOUVELLES?...
ON S'INQUIÈTE EN HAUT LIEU DE LA SITUATION DÉSASTREUSE CAUSÉE PAR LE MANQUE D'HYGIÈNE DENTAIRE DE NOS SOLDATS.
...À LA BONNE HEURE! ILS VONT ENFIN PENSER À NOUS ENVOYER DE LA NOURRITURE FRAÎCHE!
NON!
ILS VONT NOUS ENVOYER UN DENTISTE...
... UN ... POUR QUOI FAIRE?...
16A.
... POUR SOIGNER LES DENTS, PARDI!
HÉLAS, UN PEU TARD POUR CERTAINS! ILS EN SONT ARRIVÉS AU POINT QUE JUSTE UN PETIT COUP DERRIÈRE LA TÊTE SUFFIRAIT À LES FAIRE TOMBER!
IL NE FAUT PAS NOIRCIR LE TABLEAU!... LES CAS DE SCORBUT NE REPRÉSENTENT PAS LA MAJORITÉ. ... DU MOINS, PAS ENCORE!
LA PERTE D'UNE DENT N'EST PAS NÉCESSAIREMENT DUE À CETTE MALADIE. ELLE PEUT RÉSULTER DE SIMPLES CARIES!
LE DENTISTE SERA LÀ POUR LES SOIGNER.
VOUS NE DITES RIEN, MON GÉNÉRAL...
16B.

DES NOUVELLES DU SERGENT CHESTERFIELD ET DU CAPORAL BLUTCH ?...
AUCUNE !
VOILÀ DEUX JOURS QU'ILS SONT PARTIS. CE N'EST PAS NORMAL ! VOUS ÊTES SÛR QU'ILS N'ONT PAS DÉSERTÉ ?...
MAIS ENFIN, CALMEZ-VOUS, MON GÉNÉRAL ! À L'HEURE QU'IL EST, ILS DOIVENT CHERCHER. LAISSEZ-LEUR LE TEMPS DE TROUVER !
C'EST VRAI. NOUS NE SOMMES PAS À UN JOUR PRÈS !
QU'EST-CE QUE VOUS EN SAVEZ, HEIN ?!
17A
CE DENTISTE, AVERTISSEZ-MOI DÈS SON ARRIVÉE !
BON SANG ! MAIS QUELLE MOUCHE LE PIQUE ?!
IL DOIT AVOIR UN PROBLÈME, C'EST SÛR !
LÀ ! DES CHOUX... DES CAROTTES... DES NAVETS... IL Y A TOUT CE QU'ON CHERCHE, ICI !
17B

CETTE FOIS, VOUS FERMEZ VOTRE CLAPET... C'EST MOI QUI PARLE!...
JE SERAI AUSSI SILENCIEUX QU'UN BOUTON DE VAREUSE!
BONJOUR, MON BRAVE!
'JOUR!
IL Y A UN DÉBUT D'ÉPIDÉMIE DE SCORBUT CHEZ NOUS. NOUS AVONS UN BESOIN URGENT DE LÉGUMES FRAIS... POUVEZ-VOUS NOUS AIDER?...
OUAIS, BIEN SÛR!
DANS LE HANGAR, LÀ-BAS, VOUS TROUVEREZ TOUT CE QUE VOUS VOULEZ!
18A.
ALLEZ-Y, SERVEZ-VOUS!
BEN ÇA ALORS! J'AURAIS JAMAIS CRU ÇA!
JE DOIS AVOIR TROUVÉ LES MOTS JUSTES POUR FAIRE VIBRER SA CORDE SENSIBLE, VOILÀ TOUT!
ALORS LÀ, BRAVO!
VENANT DE VOUS, JE PRENDS ÇA POUR UN COMPLIMENT.
ON PEUT CONTINUER?...
BIEN SÛR! TOUT CE QUE VOUS VOUDREZ... ALLEZ-Y!
18B.

PEU APRÈS...
ÇA FAIT UN BOUT DE TEMPS QU'ON CHARGE DES CAGEOTS ET IL NE DIT RIEN ! VOUS TROUVEZ ÇA NORMAL, VOUS ?...
JE DOIS VOUS AVOUER QUE ÇA COMMENCE À M'INQUIÉTER.
C'EST FINI ?...
OUI... LE CHARIOT EST À PRÉSENT PLEIN À RAS BORD !
CONTENT POUR VOUS !
COMMENT VOUS REMERCIER ?...
AH AH AH... OH BEN LÀ, RIEN DE PLUS FACILE !
...EN RÉGLANT LA NOTE... VOILÀ !
19A.
NOUS DISONS DONC... DEUX CAGEOTS DE RADIS... SIX DE PATATES DOUCES... AUTANT DE NAVETS...
À VOTRE PLACE, J'AURAIS PRIS QUELQUES CAISSES DE PLUS... CETTE ANNÉE A ÉTÉ EXCELLENTE POUR LES NAVETS !
QU'EST-CE QUE VOUS ATTENDEZ POUR REFAIRE VIBRER SA CORDE SENSIBLE ?...
ÉCOUTEZ... IL FAUT QU'ON VOUS DISE... IL Y A COMME QUI DIRAIT UN PETIT PROBLÈME.
AH BON !
NOUS PENSIONS QUE VOUS ALLIEZ NOUS FAIRE UN DON...
...UN DON ?!
AUTREMENT DIT, CE QU'IL ESSAYE DE VOUS DIRE C'EST QU'ON N'A PAS LE MOINDRE DOLLAR EN POCHE !
19B.

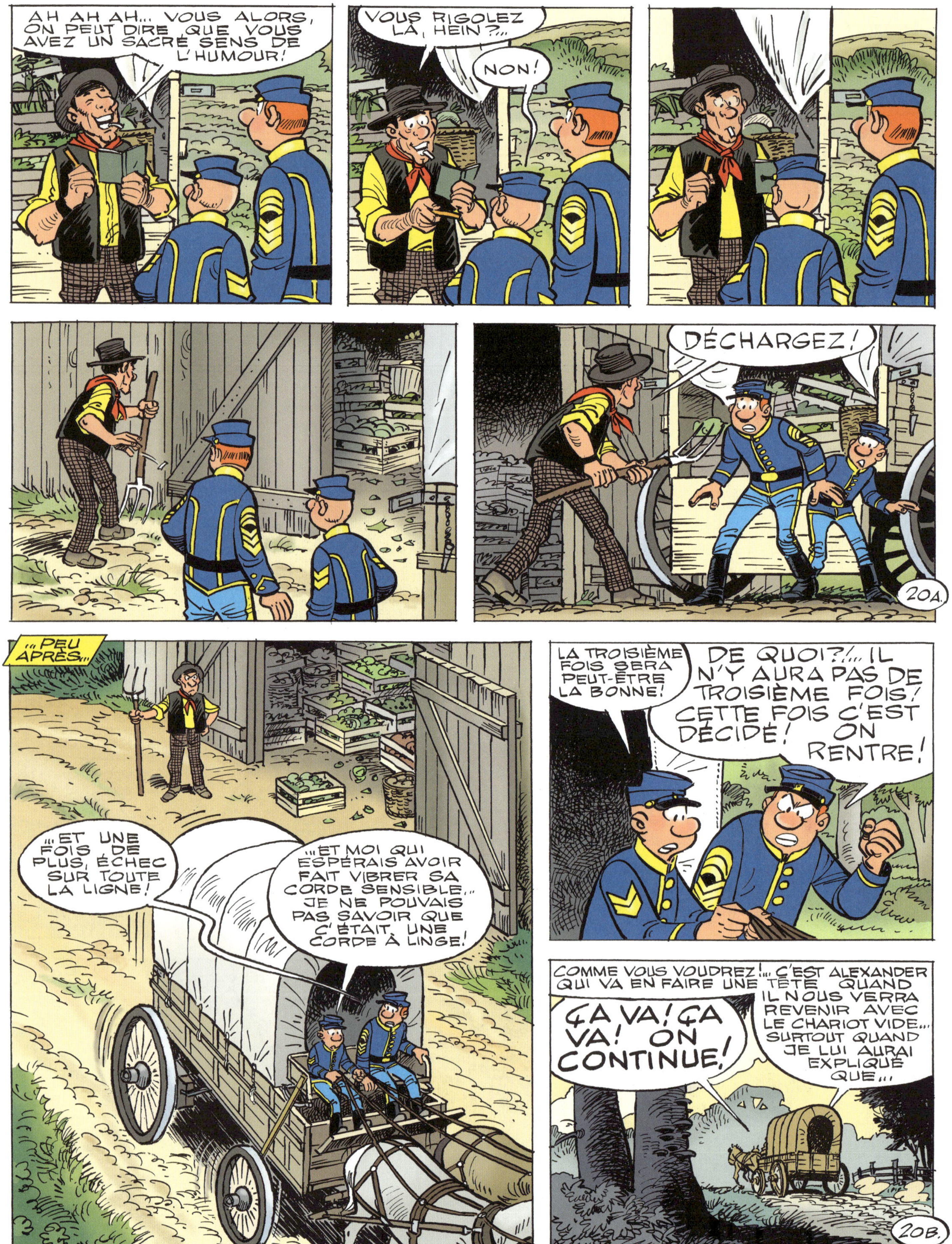
AH AH AH... VOUS ALORS, ON PEUT DIRE QUE VOUS AVEZ UN SACRÉ SENS DE L'HUMOUR!
VOUS RIGOLEZ LÀ, HEIN ?...
NON!
DÉCHARGEZ!
20A.
... PEU APRÈS...
... ET UNE FOIS DE PLUS, ÉCHEC SUR TOUTE LA LIGNE!
... ET MOI QUI ESPÉRAIS AVOIR FAIT VIBRER SA CORDE SENSIBLE... JE NE POUVAIS PAS SAVOIR QUE C'ÉTAIT UNE CORDE À LINGE!
LA TROISIÈME FOIS SERA PEUT-ÊTRE LA BONNE!
DE QUOI?!... IL N'Y AURA PAS DE TROISIÈME FOIS! CETTE FOIS C'EST DÉCIDÉ! ON RENTRE!
COMME VOUS VOUDREZ!... C'EST ALEXANDER QUI VA EN FAIRE UNE TÊTE QUAND IL NOUS VERRA REVENIR AVEC LE CHARIOT VIDE... SURTOUT QUAND JE LUI AURAI EXPLIQUÉ QUE...
ÇA VA! ÇA VA! ON CONTINUE!
20B.

...TOUJOURS PAS DE NOUVELLES, MON GÉNÉRAL?
...AUCUNE, TOUBIB! ON NE M'ÔTERA PAS DE L'IDÉE QU'ILS ONT DÉSERTÉ!
INFIRMARY
S'IL NE S'ÉTAIT AGI QUE DU CAPORAL BLUTCH, J'AURAIS EU TENDANCE À ÊTRE DE VOTRE AVIS, MAIS LE SERGENT CHESTERFIELD EST AVEC LUI!
CROYEZ-MOI, EN CE MOMENT MÊME, ILS DOIVENT POURSUIVRE ENSEMBLE LA MISSION QUE VOUS LEUR AVEZ CONFIÉE!
...IL FAUT JUSTE LEUR LAISSER LE TEMPS...
...ET MOI, EN ATTENDANT?... ...MES DENTS?
NON, MON GÉNÉRAL! RIEN À VOIR AVEC LE SCORBUT, MAIS IL EST QUAND MÊME PLUS QU'URGENT DE VOUS FAIRE SOIGNER!
21A.
MAIS JE NE DEMANDE PAS MIEUX, MOI! EN ATTENDANT, PEUT-ÊTRE QUE VOUS...
DÉSOLÉ!
MA SPÉCIALITÉ, C'EST DE SOIGNER LES BOBOS ET DE PRATIQUER DES AMPUTATIONS. JE DOIS D'AILLEURS ENCORE EN PRATIQUER DEUX CE MATIN.
ELLES... ELLES NE PEUVENT PAS ATTENDRE?...
EUH... AHEM... LAISSEZ TOMBER!...
ON M'A PARLÉ DE L'ARRIVÉE D'UN DENTISTE...
VOUS ÊTES AU COURANT?...
TOUT LE MONDE L'EST ICI ET TOUT LE MONDE EN EST RAVI.
21B.

VOUS SERIEZ SURPRIS DU NOMBRE D'HOMMES QUI SONT CONFRONTÉS AUX MÊMES PROBLÈMES ET QUI ATTENDENT D'ÊTRE SOIGNÉS POUR LES MÊMES RAISONS.
MON GÉNÉRAL !
VOUS AVEZ DEMANDÉ À ÊTRE AVERTI DÈS QUE...
LE DENTISTE... IL EST LÀ !
OUI !
MAIS C'EST UN CIVIL !
QUELLE IMPORTANCE? IL N'EST PAS VENU COMBATTRE CEUX D'EN FACE! ON NE NOUS L'A PAS ENVOYÉ ICI POUR ÇA !
22A.
ALEXANDER... GÉNÉRAL ALEXANDER...
CHARLES SEYMOUR, DENTISTE...
J'AI DE BONNES NOUVELLES POUR VOUS, MON GÉNÉRAL... EN HAUT LIEU, ILS SONT AU COURANT DE VOTRE SITUATION ET DE LA MALADIE QUI SEMBLE MENACER LA TROUPE...
ÇA, NOUS LE SAVONS...
ILS FONT LE MAXIMUM POUR RÉPARER LE PLUS RAPIDEMENT POSSIBLE LES VOIES DU CHEMIN DE FER DANS LE BUT DE VOUS FAIRE PARVENIR LES DENRÉES NÉCESSAIRES...
À LA BONNE HEURE !
EN ATTENDANT, J'AI REÇU L'ORDRE DE ME METTRE À VOTRE DISPOSITION ET DE VOUS ASSURER DE MES SERVICES. À VOUS DE ME TROUVER UN ENDROIT...
JE M'EN OCCUPE !
22B.

PEU APRÈS...
DENTIST
HQ
ICI ?...
FAITES CE QUE VOUS VOULEZ! MOI, JE RESTE DANS LE CHARIOT. JE NE TIENS PAS À ÊTRE UNE NOUVELLE FOIS RIDICULE!
23A.
...ET N'OUBLIEZ SURTOUT PAS DE LUI DIRE QU'ON N'A PAS LE MOINDRE DOLLAR À LUI REFILER. ÇA NOUS FERA GAGNER DU TEMPS!
ALLEZ-Y ! SERVEZ-VOUS!
ÉCOUTEZ... JE ME DOIS D'ÊTRE HONNÊTE AVEC VOUS, IL FAUT D'ABORD QUE VOUS SACHIEZ...
JE NE VOUS AI RIEN DEMANDÉ, ALORS, FAITES COMME LES AUTRES... ALLEZ VOUS SERVIR !
... LES AUTRES?...
23B.

QUELS AUTRES?...
QU'EST-CE QUE J'EN SAIS, MOI! DEMANDEZ-LUI!
SALUT!
!
EH! OH! DU CALME, LES GARS! VOUS CONSTATEREZ QUE JE NE SUIS PAS ARMÉ!
NE CROYEZ-VOUS PAS LE MOMENT BIEN CHOISI POUR RESPECTER UNE PETITE TRÊVE ENTRE NOUS? JUSTE LE TEMPS DE CHARGER LES CHARIOTS ET DE REPRENDRE ENSUITE CHACUN SA ROUTE!
CHARGER LES CHARIOTS?! AH, PARCE QUE VOUS AUSSI ?...
24A.
EN VOUS ABANDONNANT LE TERRAIN, IL EST VRAI QU'ON AVAIT TOUT BRÛLÉ DERRIÈRE NOUS EN ESPÉRANT VOUS COLLER CETTE MALADIE SUR LE DOS.
NOUS N'AVIONS JAMAIS IMAGINÉ QU'À FORCE DE NOUS REPLIER, NOUS RISQUIONS TÔT OU TARD DE NOUS RETROUVER FACE À UNE TERRE QUASI DÉSERTIQUE ET SANS LA MOINDRE VÉGÉTATION.
C'EST MALHEUREUSEMENT CE QUI EST ARRIVÉ..._ NOUS AVONS À PRÉSENT LE MÊME PROBLÈME QUE VOUS.
PRIVÉS DE NOURRITURE FRAÎCHE, LES HOMMES ONT COMMENCÉ À SUBIR LES RAVAGES DU SCORBUT. VOILÀ POURQUOI NOUS SOMMES ICI POUR LA MÊME RAISON QUE VOUS...
NOUS?...
24B.

J'AI EMMENÉ UN HOMME AVEC MOI. IL DOIT ÊTRE QUELQUE PART PAR LÀ EN TRAIN DE CUEILLIR DES FRUITS.
QU'EST-CE QUE VOUS ATTENDEZ POUR ALLER LE REJOINDRE AU LIEU DE RESTER LÀ PLANTÉ COMME UNE COURGETTE !
VOUS SAVEZ CE QU'ELLE VOUS DIT, LA COURGETTE ?!...
...DÉSOLÉ !... UNE VRAIE TÊTE DE PIOCHE ! AUCUNE INITIATIVE ! IL FAUT TOUT LUI EXPLIQUER !
DE CE CÔTÉ-LÀ, CELUI QUI M'ACCOMPAGNE N'EST PAS MAL NON PLUS...
DITES-MOI, VOUS COMPRENEZ, VOUS, POUR QUELLE RAISON CE FERMIER NOUS LAISSE AINSI LE CHAMP LIBRE EN NOUS PERMETTANT DE NOUS SERVIR À VOLONTÉ ?
IL M'A UN PEU EXPLIQUÉ.
25A.
CETTE PLANTATION EST IMMENSE. IL Y A PEU ENCORE, DES ESCLAVES L'AIDAIENT À L'ENTRETENIR, MAIS APRÈS NOTRE DÉPART, LES NOIRS ONT DÉSERTÉ LES LIEUX... DEPUIS, TOUT EST À L'ABANDON.
DÈS LORS, PLUTÔT QUE DE VOIR LE TOUT POURRIR SUR PLACE, IL PRÉFÈRE TOUT DISTRIBUER À QUI LE VOUDRA.
PAR LA SUITE, IL VENDRA SA PROPRIÉTÉ ET IRA CHERCHER FORTUNE AILLEURS, N'AYANT PLUS RIEN À FAIRE ICI. C'EST DU MOINS CE QU'IL M'A RACONTÉ !
...UNE COURGETTE ! ...LUI EN FICHERAI, MOI, DES COURGETTES !
25B.

POK
26A.
CRAC
ÇA ROULE POUR VOUS LÀ-HAUT?...
?
26B.
TOUT DE MÊME, J'AIMERAIS QU'ON M'EXPLIQUE CE QUE JE FICHE ICI !
...VOUS RAMASSEZ DES LÉGUMES COMME MOI !
VOUS ADMETTREZ AVEC MOI QUE CE N'EST PAS LE RÔLE DES MILITAIRES...
TOUT À FAIT. MAIS DE VOTRE CÔTÉ COMME DU MIEN, LES ORDRES SONT LES ORDRES ET NOUS N'AVONS PAS À LES DISCUTER !
26C.

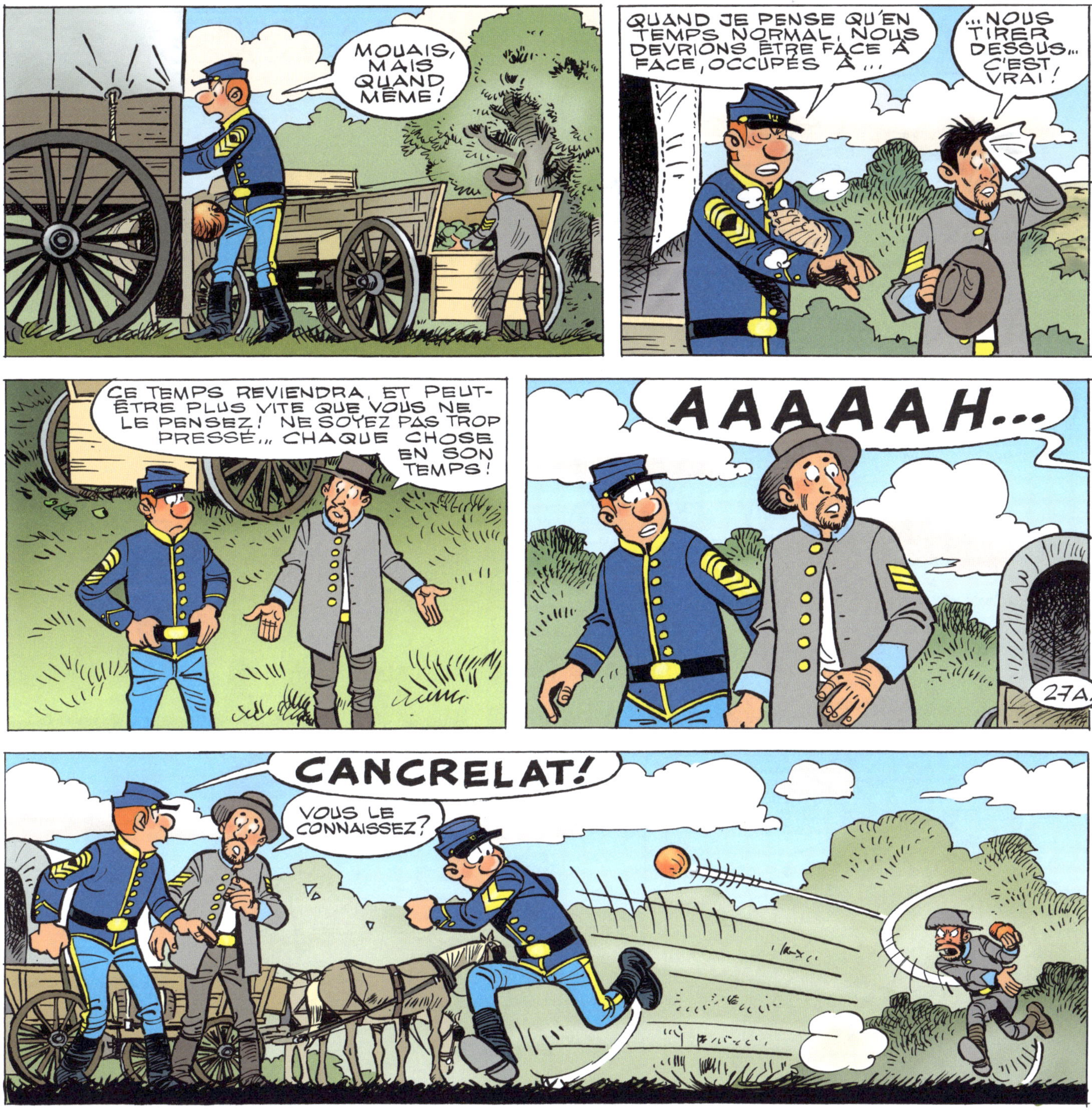
MOUAIS, MAIS QUAND MÊME !
QUAND JE PENSE QU'EN TEMPS NORMAL, NOUS DEVRIONS ÊTRE FACE À FACE, OCCUPÉS À...
...NOUS TIRER DESSUS... C'EST VRAI !
CE TEMPS REVIENDRA, ET PEUT-ÊTRE PLUS VITE QUE VOUS NE LE PENSEZ ! NE SOYEZ PAS TROP PRESSÉ... CHAQUE CHOSE EN SON TEMPS !
AAAAAH...
27A.
CANCRELAT !
VOUS LE CONNAISSEZ ?
UN PEU, OUI !
ÇA SUFFIT !
MAIS... MAIS...
27B.

J'AI DIT ÇA SUFFIT!
OÙ L'AVEZ-VOUS TROUVÉ?...
... DANS UN ARBRE... ÇA VOUS ÉTONNE?...
MAIS...
DANS LA BROUETTE, CES FRUITS! PAS À CÔTÉ!...
MAIS...
C'EST QU'ELLE M'AURAIT MORDU, CETTE SALE BÊTE!
SUIVEZ-MOI, J'AI À VOUS PARLER!
28A.
À VOTRE AVIS, QU'EST-CE QU'IL LUI RACONTE?...
QU'EST-CE QUE J'EN SAIS!
OK, LES GARS... ON VA POUVOIR CONTINUER NOTRE BOULOT BIEN TRANQUILLEMENT!
QU'EST-CE QUE VOUS LUI AVEZ DIT?...
... JE LUI AI JUSTE RAPPELÉ QUE NOUS ÉTIONS ICI EN MISSION. JE L'AI SOMMÉ EN MÊME TEMPS D'ARRÊTER SES SINGERIES.
YÉK! YÉK!
IL... IL N'A PAS DISCUTÉ?
POURQUOI L'AURAIT-IL FAIT?... ICI, C'EST MOI QUI DONNE LES ORDRES. IL N'A PAS À LES DISCUTER. VOUS CONNAISSEZ LE PRINCIPE!
28B.

VOUS AVEZ ENTENDU? PRENEZ-EN DE LA GRAINE!
MMM...
QUOI?! QU'EST-CE QUI VOUS TRACASSE ENCORE?...
SI VOUS VOULEZ MON AVIS, CE N'EST PAS CE QU'IL LUI A DIT...
...ET QUE VOULEZ-VOUS QU'IL LUI AIT DIT D'AUTRE? COMME TOUJOURS, VOUS VOYEZ LE MAL PARTOUT. C'EST UNE HABITUDE CHEZ VOUS!
ALLEZ-Y! FAITES ÉQUIPE AVEC LUI... VOUS AVEZ ENTENDU LE SERGENT... IL NE VOUS MORDRA PAS!
C'EST QUE...
C'EST UN ORDRE!
29A.
YÉK! YÉK! YÉK! YÉK!
ON NE M'ÔTERA PAS DE L'IDÉE QU'IL Y A QUELQUE CHOSE QUI NE TOURNE PAS ROND!
YÉK! YÉK!
...QU'IL VEUILLE CONTINUER À ME MORDRE ME SEMBLERAIT PLUS NORMAL!
MAIS LÀ!...
AU BOULOT!
YÉK! YÉK!
CRAC
CRRR
JE SENS QUE J'AI INTÉRÊT À ME TENIR SUR MES GARDES!
29B.

...ET VOILÀ ! J'AI REMPLACÉ LA DENT MANQUANTE PAR UNE DENT EN OR, COMME VOUS ME L'AVIEZ DEMANDÉ... SATISFAIT, MON GÉNÉRAL ?...
C'EST PARFAIT ! ELLE ME VA COMME UN GANT !
VOILÀ UNE TRANSPLANTATION QUE JE NE POURRAI PAS FAIRE AU COMMUN DES MORTELS...
INUTILE DE VOUS DIRE QUE CE MÉTAL N'EST PAS POUR RIEN !
PLUSIEURS SOLDES DE TROUPIERS N'Y SUFFIRAIENT PAS !... LA VÔTRE NON PLUS D'AILLEURS !... J'AI TENU À VOUS FAIRE UN PRIX EN ESPÉRANT QU'UN JOUR VOUS M'EN SERIEZ RECONNAISSANT, QUI SAIT ?
VOUS POURREZ TOUJOURS COMPTER SUR MOI !
30A.
MAIS DITES-MOI, QU'EST-CE QUI VOUS A FAIT CRAINDRE UN MOMENT QUE VOUS ÉTIEZ ATTEINT DU SCORBUT ?
...LE FAIT QUE PLUSIEURS HOMMES ICI...
LA PERTE D'UNE DENT NE VEUT RIEN DIRE... QUOIQUE...
QUOIQUE ?...
LA CARENCE EN VITAMINES RISQUE À LA LONGUE DE VOUS POSER, AINSI QU'AUX HOMMES DE TROUPE, DE SÉRIEUX PROBLÈMES. IL SERAIT QUAND MÊME GRAND TEMPS DE...
30B.

...DES NOUVELLES DE NOS DEUX COMPÈRES ?...
NON, AUCUNE.
MAIS ENFIN, CE N'EST PAS POSSIBLE !... DEUX JOURS QUE JE LES AI ENVOYÉS EN MISSION !
SANS DOUTE RENCONTRENT-ILS DES DIFFICULTÉS !
...OU ALORS, ILS ONT PUREMENT ET SIMPLEMENT DÉSERTÉ ! SI TEL ÉTAIT LE CAS, JE N'HÉSITERAIS PAS UNE SEULE SECONDE À LANCER TOUTE LA COMPAGNIE À LEURS TROUSSES !
UN PEU DE PATIENCE ! QUE DIABLE !
AUJOURD'HUI, IL EST VRAI QUE C'EST UN PEU TARD... IL VA FAIRE BIENTÔT NUIT, MAIS DEMAIN, JE SUIS SÛR QUE NOUS AURONS ENFIN DE LEURS NOUVELLES !
JE L'ESPÈRE POUR EUX !
31A.
SI VOUS VOULEZ QUE J'ARRIVE À VOUS SOIGNER, IL SERAIT PRÉFÉRABLE QUE VOUS DESCENDIEZ DE CHEVAL, MONSIEUR !
CEPENDANT...
LE CHARIOT EST PLEIN. ON VA POUVOIR Y ALLER !
CONNAISSANT ALEXANDER, IL DOIT TROUVER LE TEMPS LONG !
IL N'AVAIT QU'À NOUS ACCOMPAGNER, ALORS !
31B.

OÙ ALLEZ-VOUS ?...
...SALUER LES AUTRES ! SIMPLE QUESTION DE POLITESSE, QUOI !
NOON ?... VOUS VOULEZ VRAIMENT VOUS METTRE EN ROUTE MAINTENANT ?
EH OUI ! C'EST ICI QUE NOS CHEMINS SE SÉPARENT !
DANS MOINS D'UNE HEURE, IL FERA NUIT. DANS L'OBSCURITÉ, VOUS N'Y VERREZ QUASIMENT RIEN... VOS CHEVAUX NON PLUS. C'EST UNE FOLIE DE VOULOIR PARTIR MAINTENANT CECI DIT, C'EST VOUS QUI DÉCIDEZ.
VOUS AVEZ SANS DOUTE RAISON !
32A.
CHANGEMENT DE PROGRAMME, BLUTCH... ON PASSE LA NUIT ICI. NOUS NOUS METTRONS EN ROUTE DÈS LE LEVER DU SOLEIL.
AH BON ?... ET ALEXANDER ?...
IL N'EN EST CERTAINEMENT PLUS À QUELQUES HEURES PRÈS.
SI VOUS VOULEZ VOUS REPOSER, IL Y A UNE REMISE PRÈS DE LA FERME.
YÉK ! YÉK !
...COMMENCE SÉRIEUSEMENT À ME COURIR SUR LE POPOTIN, CELUI-LÀ !
LAISSEZ TOMBER ! DEMAIN À CETTE HEURE-CI, VOUS N'Y PENSEREZ PLUS !
YÉK ! YÉK !
32B.

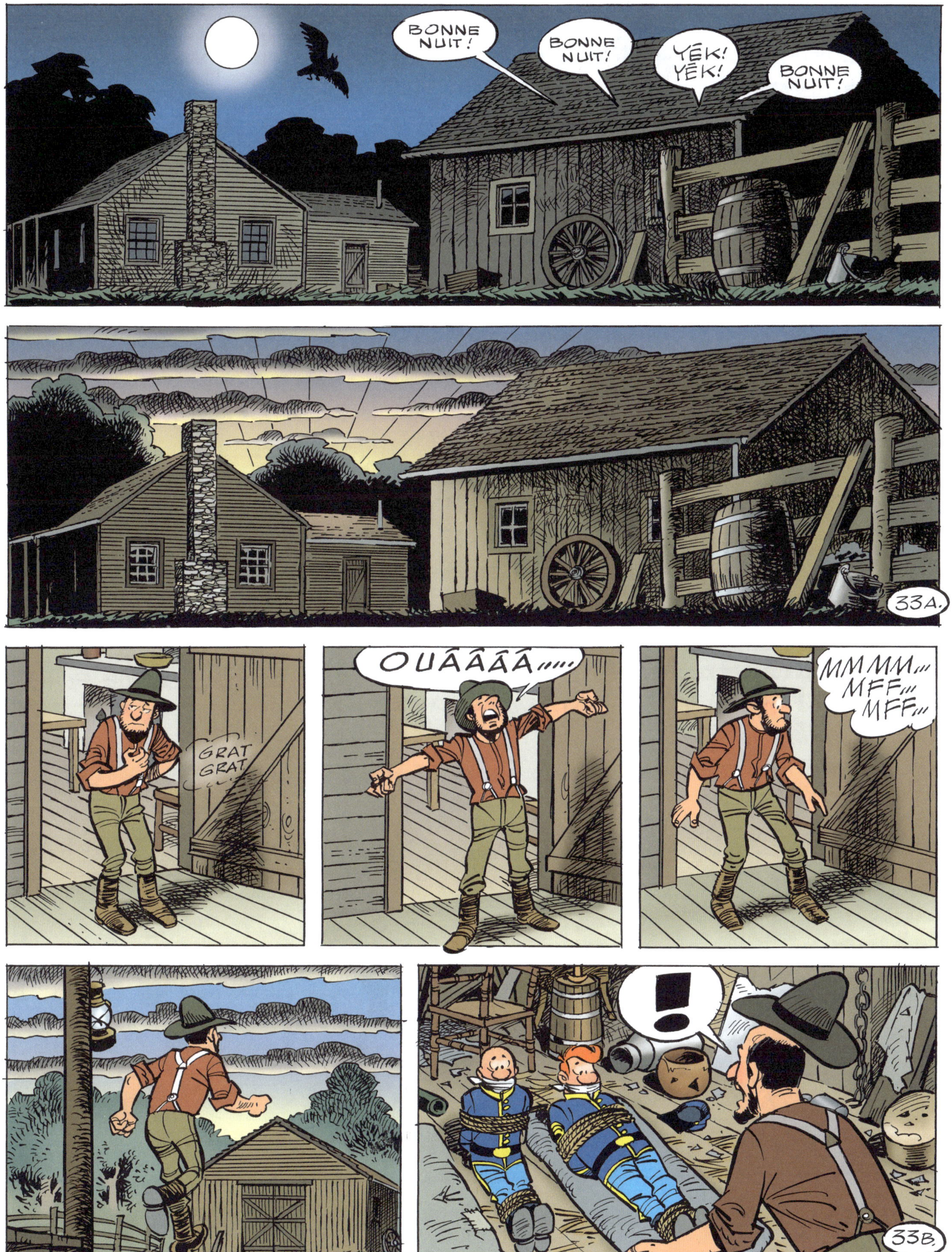
BONNE NUIT !
BONNE NUIT !
YÉK! YÉK!
BONNE NUIT !
33A.
GRAT GRAT
OUÂÂÂÂ.....
MMMM... MFF... MFF...
!
33B.

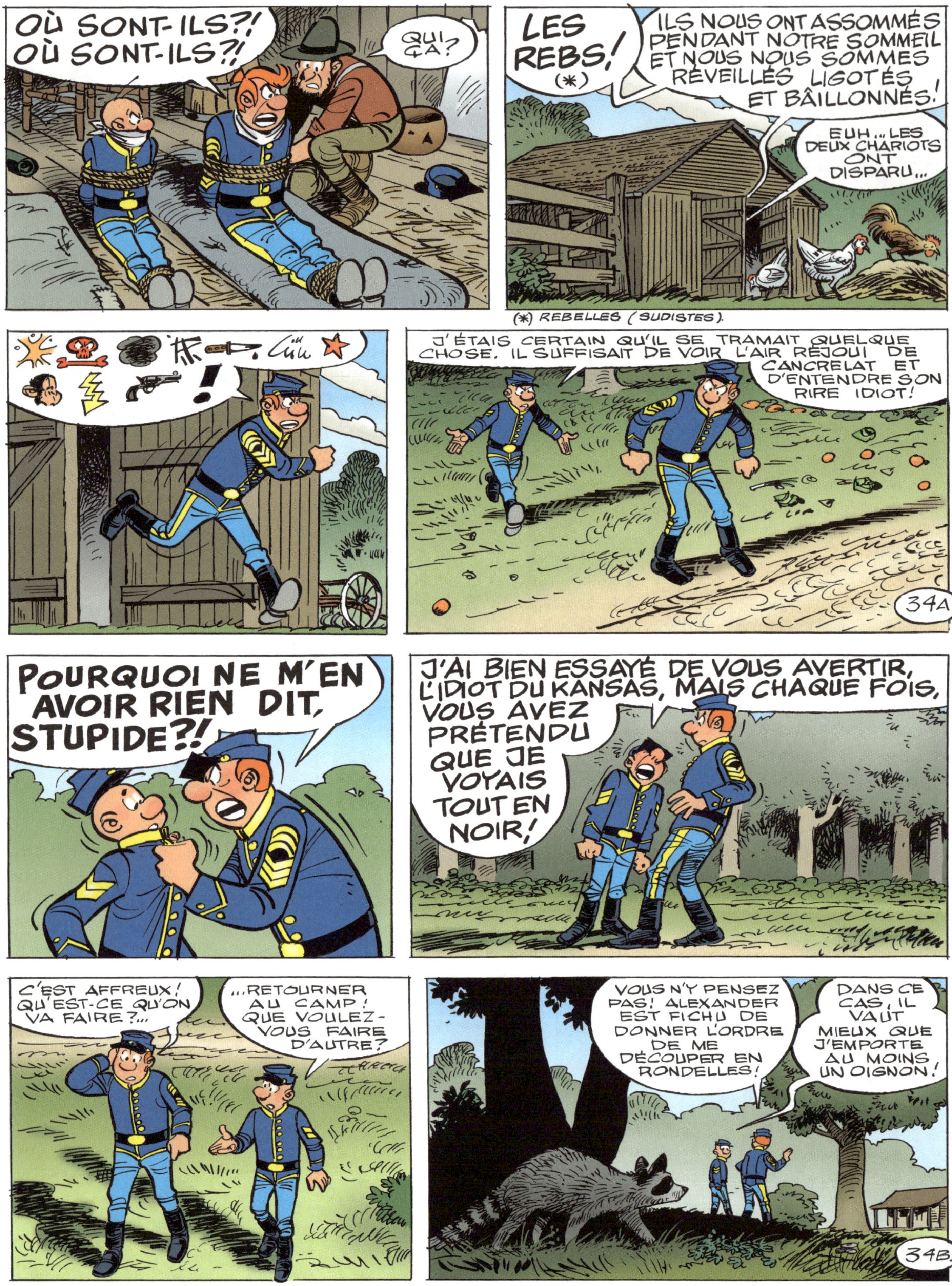
OÙ SONT-ILS?! OÙ SONT-ILS?!
QUI ÇA?
LES REBS! (*)
ILS NOUS ONT ASSOMMÉS PENDANT NOTRE SOMMEIL ET NOUS NOUS SOMMES RÉVEILLÉS LIGOTÉS ET BÂILLONNÉS!
EUH... LES DEUX CHARIOTS ONT DISPARU...
(*) REBELLES (SUDISTES).
J'ÉTAIS CERTAIN QU'IL SE TRAMAIT QUELQUE CHOSE. IL SUFFISAIT DE VOIR L'AIR RÉJOUI DE CANCRELAT ET D'ENTENDRE SON RIRE IDIOT!
34A.
POURQUOI NE M'EN AVOIR RIEN DIT, STUPIDE?!
J'AI BIEN ESSAYÉ DE VOUS AVERTIR, L'IDIOT DU KANSAS, MAIS CHAQUE FOIS, VOUS AVEZ PRÉTENDU QUE JE VOYAIS TOUT EN NOIR!
C'EST AFFREUX! QU'EST-CE QU'ON VA FAIRE?...
...RETOURNER AU CAMP! QUE VOULEZ-VOUS FAIRE D'AUTRE?
VOUS N'Y PENSEZ PAS! ALEXANDER EST FICHU DE DONNER L'ORDRE DE ME DÉCOUPER EN RONDELLES!
DANS CE CAS, IL VAUT MIEUX QUE J'EMPORTE AU MOINS UN OIGNON!
34B.

UN...? POUR QUOI FAIRE?...
SI CE QUE VOUS DITES DEVAIT S'AVÉRER VRAI, CE SERAIT LE SEUL MOYEN POUR MOI DE M'ARRACHER UNE LARME.
BLUTCH!... ESPÈCE DE !
OH, ET PUIS ZUT!
BON, C'EST PAS TOUT ÇA, MAIS QU'EST-CE QUE VOUS DÉCIDEZ?...
MINUTE! JE RÉFLÉCHIS!
35A.
J'AI PEUT-ÊTRE UNE IDÉE...
AÏE, AÏE, AÏE... DITES TOUJOURS!
ON POURRAIT PEUT-ÊTRE DÉSERTER...
PAS QUESTION!
MAIS ALORS?...
ON RENTRE!
ET... ET ALEXANDER?...
JE LUI EXPLIQUERAI, JE SUIS SÛR QU'IL COMPRENDRA!
JE L'ESPÈRE POUR VOUS, SINON... TCHAC TCHAC...
... EN RONDELLES!
ATTENDEZ!
35B.

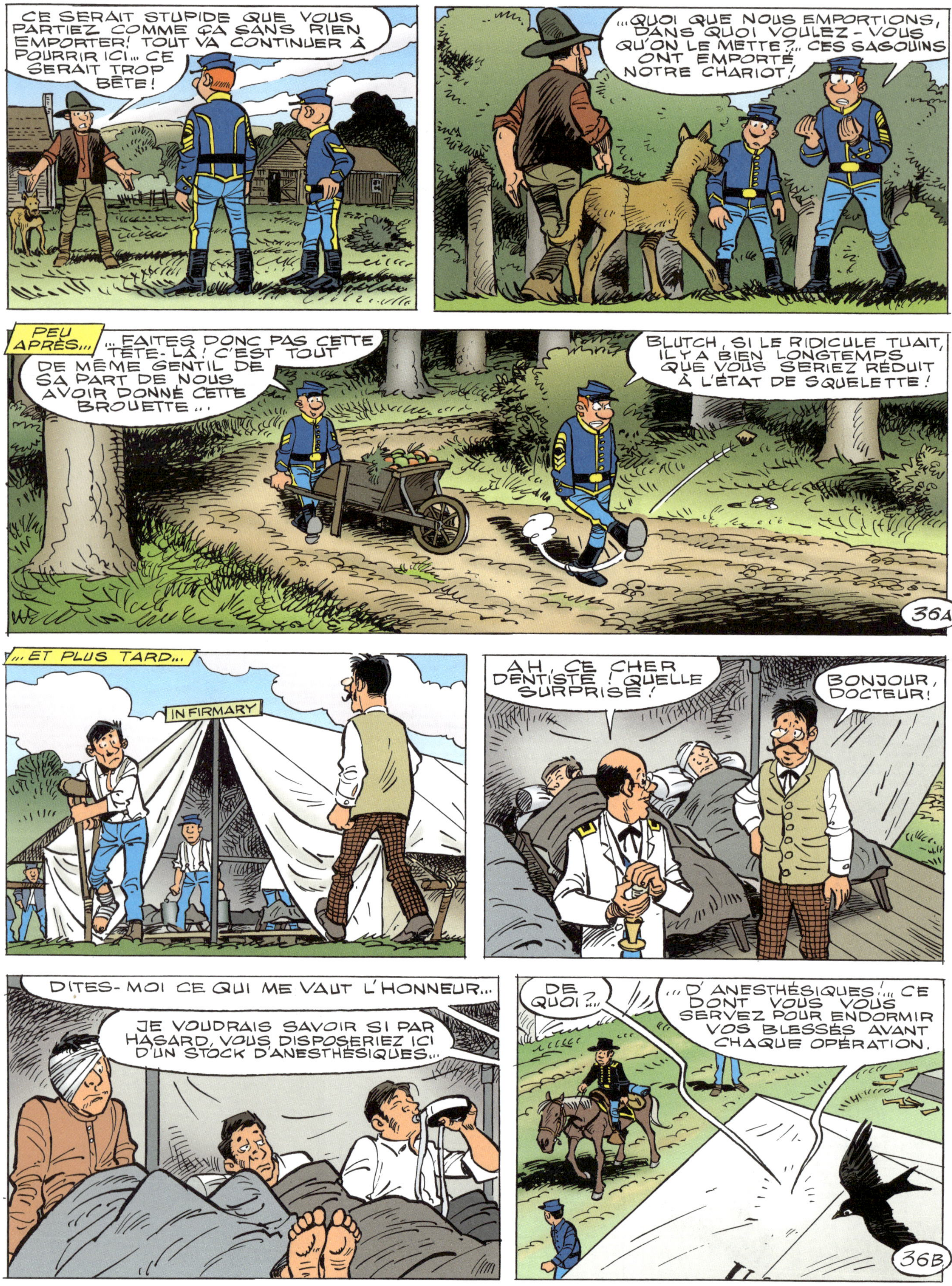
CE SERAIT STUPIDE QUE VOUS PARTIEZ COMME ÇA SANS RIEN EMPORTER! TOUT VA CONTINUER À POURRIR ICI... CE SERAIT TROP BÊTE!
...QUOI QUE NOUS EMPORTIONS, DANS QUOI VOULEZ-VOUS QU'ON LE METTE?... CES SAGOUINS ONT EMPORTÉ NOTRE CHARIOT!
PEU APRÈS...
... FAITES DONC PAS CETTE TÊTE-LÀ! C'EST TOUT DE MÊME GENTIL DE SA PART DE NOUS AVOIR DONNÉ CETTE BROUETTE...
BLUTCH, SI LE RIDICULE TUAIT, IL Y A BIEN LONGTEMPS QUE VOUS SERIEZ RÉDUIT À L'ÉTAT DE SQUELETTE!
36A.
... ET PLUS TARD...
INFIRMARY
AH, CE CHER DENTISTE! QUELLE SURPRISE!
BONJOUR, DOCTEUR!
DITES-MOI CE QUI ME VAUT L'HONNEUR...
JE VOUDRAIS SAVOIR SI PAR HASARD, VOUS DISPOSERIEZ ICI D'UN STOCK D'ANESTHÉSIQUES...
DE QUOI?...
... D'ANESTHÉSIQUES!... CE DONT VOUS VOUS SERVEZ POUR ENDORMIR VOS BLESSÉS AVANT CHAQUE OPÉRATION.
36B.

AH! AH! AH! VOUS VOULEZ RIRE? IL Y A BELLE LURETTE QUE JE N'EN AI PLUS REÇU!...
MAIS ALORS, COMMENT PROCÉDEZ-VOUS?...
... AVEC LES MOYENS DU BORD, CHER MONSIEUR SEYMOUR.
...UNE BONNE RASADE DE WHISKY ...HISTOIRE DE LUI DONNER DU COURAGE...
...UN BOUT DE CUIR POUR Y PLANTER SES DENTS ET L'EMPÊCHER DE HURLER...
...ET HOP! JE PASSE À LA SCIE!
C'EST AFFREUX! LE MALHEUREUX DOIT SE DÉBATTRE!
37A.
IL ESSAYE, DU MOINS!... À CE MOMENT-LÀ, JE FAIS APPEL À DEUX COSTAUDS ENCORE VALIDES POUR LE MAINTENIR, ET LE TOUR EST JOUÉ!
MAIS POURQUOI CETTE QUESTION?
SANS ANESTHÉSIQUE, SOIGNER UNE DENT NE POSE PAS TROP DE PROBLÈMES...
... PAR CONTRE, LORSQU'IL S'AGIT DE L'EXTRAIRE...
AH! JE COMPRENDS LE POURQUOI DES HURLEMENTS QUI PROVENAIENT DE CHEZ VOUS DURANT TOUTE LA MATINÉE À PRÉSENT!
EMPLOYEZ DONC MA MÉTHODE, VOUS VERREZ, ELLE EST INFAILLIBLE!
C'EST VOUS QUI LE DITES! POUR LA RASADE DE WHISKY, ÇA PEUT S'ARRANGER...
37B.

...MAIS POUR LE MORCEAU DE CUIR, C'EST IMPOSSIBLE ! ILS DOIVENT TOUT DE MÊME OUVRIR LA BOUCHE.
BEN ALORS, ABANDONNEZ LE MORCEAU DE CUIR ET LAISSEZ-LES CRIER... PARAÎT QUE ÇA PEUT SOULAGER AUSSI !
...RESTE QUE S'ILS SE DÉBATTENT...
BAH ! VOUS TROUVEREZ TOUJOURS BIEN DEUX HOMMES POUR VOUS FILER UN COUP DE MAIN !
LES DEUX HOMMES QUE VOUS AVEZ ENVOYÉS EN MISSION SONT DE RETOUR, MON GÉNÉRAL.
J'ESPÈRE QUE CE QU'ILS RAMÈNENT SERA SUFFISANT POUR PALLIER NOS ENNUIS... DU MOINS UN CERTAIN TEMPS !
38A
C'EST TOUT ?...
EUH... LAISSEZ-MOI VOUS EXPLIQUER, MON GÉNÉRAL.
JE L'ESPÈRE BIEN, CAR JE VOUS AVOUERAI QUE LE FAIT DE VOUS VOIR PARTIR IL Y A QUELQUES JOURS AVEC UN CHARIOT TOUT NEUF ET DE VOUS VOIR REVENIR AUJOURD'HUI AVEC UNE BÊTE BROUETTE M'INTERPELLE UN PEU !
ALLEZ-Y... JE SUIS TOUT OUÏE !
38B

PEU APRÈS...
...ET VOILÀ!
...ET VOILÀ!
394
DONC, SI J'AI BIEN COMPRIS, VOUS VOUS ÊTES FAIT VOLER VOTRE CHARIOT ET TOUT SON CONTENU PAR DEUX SUDISTES.
OUI, MON GÉNÉRAL, PAR TRAÎTRISE!
...DEUX SUDISTES QUI EUX-MÊMES AVAIENT REMPLI LEUR PROPRE CHARIOT DE DENRÉES ALIMENTAIRES QUI NOUS FONT CRUELLEMENT DÉFAUT!
C'EST CELA, MON GÉNÉRAL!
AUTREMENT DIT, ET SI J'AI TOUJOURS BIEN COMPRIS, CEUX QUI NOUS FONT FACE, NOS ENNEMIS, N'AYONS PAS PEUR DES MOTS, ONT À PRÉSENT DE QUOI FAIRE FACE À LA MALADIE PENDANT QUE CHEZ NOUS, POUR UN BOUT DE TEMPS, NOUS CONTINUERONS À CRACHER NOS MOLAIRES!
BEN...
39B

À QUOI PENSEZ-VOUS, SIR ?...
IL NE PENSE PLUS À VOUS FAIRE DÉCOUPER EN RONDELLES. C'EST DÉJÀ ÇA !
J'HÉSITE ENTRE LE PELOTON D'EXÉCUTION ...
40A.
... OU L'EMPALEMENT !...
AH, LÀ, ÇA RISQUE DE VOUS FAIRE AUSSI MAL ...
QU'ON METTE LE SERGENT AUX ARRÊTS, LE TEMPS QUE JE STATUE SUR SON SORT !
QUE LA CHANCE SOIT AVEC VOUS, SERGENT !
LE CAPORAL AUSSI ! JE NE VEUX PLUS EN VOIR AUCUN !
HEIN ?! MAIS...
EH BEN MERCI ! ENCORE UNE FOIS, ÇA A ÉTÉ UN PLAISIR DE FAIRE ÉQUIPE AVEC VOUS !
JAIL
40B

MONSIEUR!
QUOI ENCORE?
PERMETTEZ-MOI DE VOUS ADRESSER UNE REQUÊTE!
DÉSOLÉ! MAIS EN CE MOMENT, J'AI D'AUTRES SOUCIS!
PERMETTEZ-MOI D'INSISTER!
C'EST BON! JE VOUS ÉCOUTE!
CES DEUX HOMMES QUE VOUS VENEZ DE METTRE AUX ARRÊTS, J'AIMERAIS QUE VOUS ME LES CONFIIEZ.
...POUR QUOI FAIRE?...
... POUR M'AIDER DANS MON TRAVAIL.
...HORS DE QUESTION! ILS SONT AUX ARRÊTS... ILS Y RESTERONT!
41A.
VOUS SEMBLEZ OUBLIER QU'IL Y A PEU, VOUS AVEZ EU RECOURS À MES SERVICES, SI VOUS VOYEZ CE QUE JE VEUX DIRE...
... ET QU'À CETTE OCCASION, VOUS M'AVIEZ PROMIS DE M'EN ÊTRE RECONNAISSANT...
...LE MOMENT VENU...
C'EST BON! MAIS AVERTISSEZ-LES! SI JE LES VOIS TRAÎNER DANS LE CAMP À NE RIEN FAIRE, ILS REGAGNERONT LEUR CELLULE ILLICO!
OH, POUR CELA, VOUS POUVEZ ÊTRE TRANQUILLE!
ILS AURONT DE QUOI S'OCCUPER!
41B.

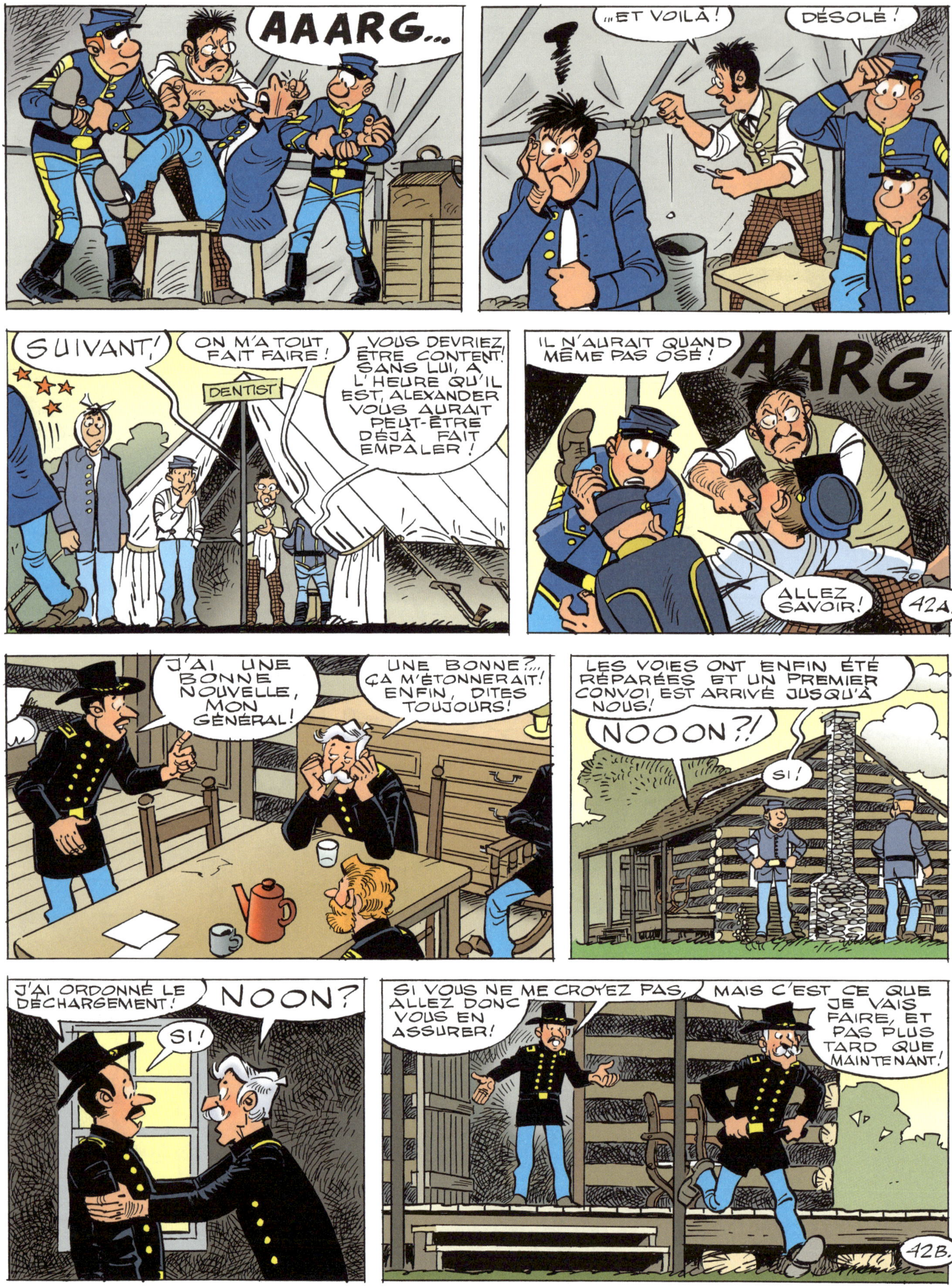
AAARG...
...ET VOILÀ !
DÉSOLÉ !
SUIVANT !
ON M'A TOUT FAIT FAIRE !
...VOUS DEVRIEZ ÊTRE CONTENT ! SANS LUI, À L'HEURE QU'IL EST, ALEXANDER VOUS AURAIT PEUT-ÊTRE DÉJÀ FAIT EMPALER !
DENTIST
IL N'AURAIT QUAND MÊME PAS OSÉ !
AARG
ALLEZ SAVOIR !
42A.
J'AI UNE BONNE NOUVELLE, MON GÉNÉRAL !
UNE BONNE ?... ÇA M'ÉTONNERAIT ! ENFIN, DITES TOUJOURS !
LES VOIES ONT ENFIN ÉTÉ RÉPARÉES ET UN PREMIER CONVOI EST ARRIVÉ JUSQU'À NOUS !
NOOON ?!
SI !
J'AI ORDONNÉ LE DÉCHARGEMENT !
NOON ?
SI !
SI VOUS NE ME CROYEZ PAS, ALLEZ DONC VOUS EN ASSURER !
MAIS C'EST CE QUE JE VAIS FAIRE, ET PAS PLUS TARD QUE MAINTENANT !
42B.

...DES LÉGUMES EN QUANTITÉ, DES OEUFS, DE LA VIANDE À VOLONTÉ AUSSI. LA MENACE DU SCORBUT NE SERA BIENTÔT PLUS QU'UN MAUVAIS SOUVENIR.
...ET NOUS POURRONS À NOUVEAU ENVOYER DES HOMMES SAINS EN PREMIÈRE LIGNE. LES DERNIERS ÉTAIENT MALADES. ÇA COMMENÇAIT À FAIRE MAUVAIS GENRE...
43A.
JE NE VOUS REMERCIERAI JAMAIS ASSEZ, MESSIEURS! GRÂCE À VOTRE AIDE, J'AI PU SOIGNER LA QUASI-TOTALITÉ DES HOMMES QUI SE SONT PRÉSENTÉS!
DENTIST
...MÊME LUI?...
À VRAI DIRE, LA DENT QU'IL CROYAIT AVOIR PERDUE N'ÉTAIT PAS LA SIENNE. CELLE D'UN ENNEMI SANS AUCUN DOUTE... JE LUI AI CONSEILLÉ DE DORÉNAVANT CHARGER LA BOUCHE FERMÉE!
À PRÉSENT, IL FAUT QUE JE VOUS QUITTE. J'AI TERMINÉ MON TRAVAIL ICI. ON M'APPELLE DANS UNE AUTRE UNITÉ.
OH, J'OUBLIAIS... J'AI ÉTÉ SALUER VOTRE GÉNÉRAL! SACHEZ QU'IL NE VOUS EN VEUT PLUS. IL A TOURNÉ LA PAGE!
...N'AURAIT PLUS MANQUÉ QUE ÇA!
43B.

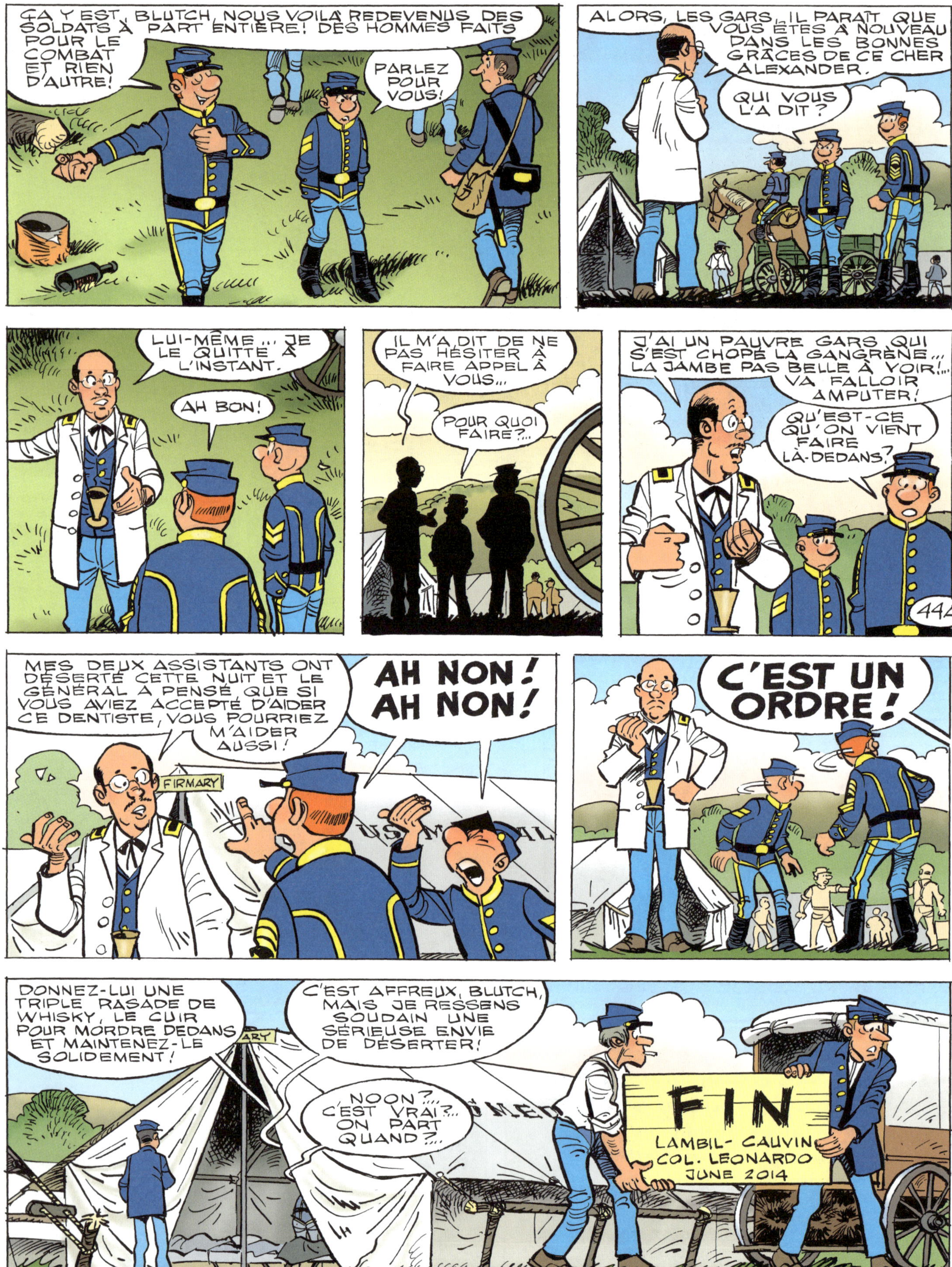
ÇA Y EST, BLUTCH, NOUS VOILÀ REDEVENUS DES SOLDATS À PART ENTIÈRE! DES HOMMES FAITS POUR LE COMBAT ET RIEN D'AUTRE!
PARLEZ POUR VOUS!
ALORS, LES GARS, IL PARAÎT QUE VOUS ÊTES À NOUVEAU DANS LES BONNES GRÂCES DE CE CHER ALEXANDER.
QUI VOUS L'A DIT?
LUI-MÊME... JE LE QUITTE À L'INSTANT.
AH BON!
IL M'A DIT DE NE PAS HÉSITER À FAIRE APPEL À VOUS...
POUR QUOI FAIRE?...
J'AI UN PAUVRE GARS QUI S'EST CHOPÉ LA GANGRÈNE... LA JAMBE PAS BELLE À VOIR!... VA FALLOIR AMPUTER!
QU'EST-CE QU'ON VIENT FAIRE LÀ-DEDANS?
44A.
MES DEUX ASSISTANTS ONT DÉSERTÉ CETTE NUIT ET LE GÉNÉRAL A PENSÉ QUE SI VOUS AVIEZ ACCEPTÉ D'AIDER CE DENTISTE, VOUS POURRIEZ M'AIDER AUSSI!
FIRMARY
AH NON! AH NON!
C'EST UN ORDRE!
DONNEZ-LUI UNE TRIPLE RASADE DE WHISKY, LE CUIR POUR MORDRE DEDANS ET MAINTENEZ-LE SOLIDEMENT!
C'EST AFFREUX, BLUTCH, MAIS JE RESSENS SOUDAIN UNE SÉRIEUSE ENVIE DE DÉSERTER!
NOON?... C'EST VRAI?... ON PART QUAND?...
FIN
LAMBIL- CAUVIN
COL. LEONARDO
JUNE 2014

Spirou

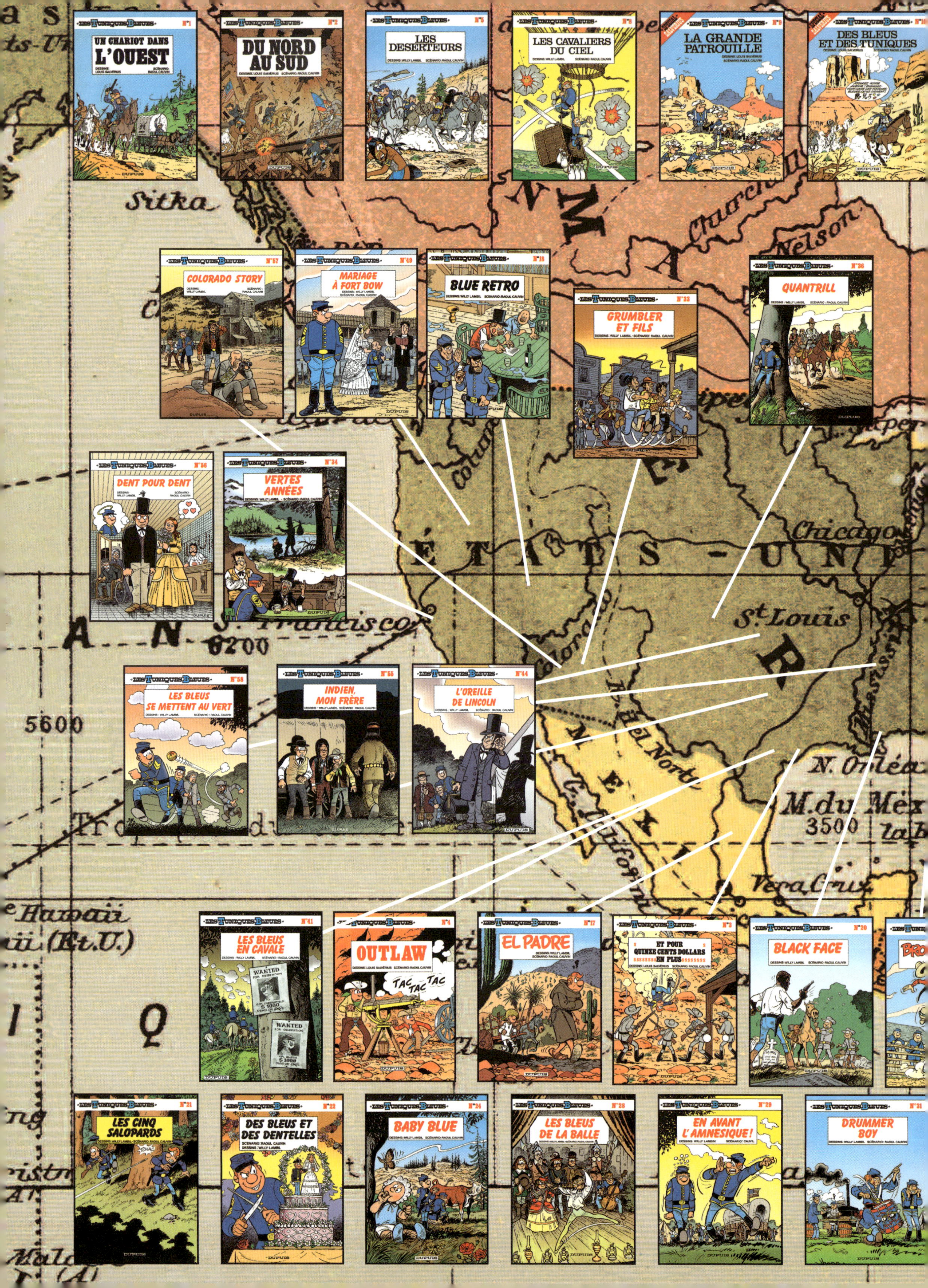

Les Tuniques Bleues
UN CHARIOT DANS L'OUEST
DU NORD AU SUD
LES DÉSERTEURS
LES CAVALIERS DU CIEL
LA GRANDE PATROUILLE
DES BLEUS ET DES TUNIQUES
Sitka
COLORADO STORY
MARIAGE À FORT BOW
BLUE RETRO
GRUMBLER ET FILS
QUANTRILL
DENT POUR DENT
VERTES ANNÉES
ÉTATS-UNI
Chicago
St Louis
S. Francisco
6200
LES BLEUS SE METTENT AU VERT
INDIEN, MON FRÈRE
L'OREILLE DE LINCOLN
5600
N. Orléa
M. du Mex
3500
Vera Cruz
Hawaii (Et.U.)
LES BLEUS EN CAVALE
OUTLAW
TAC TAC TAC
EL PADRE
ET POUR QUINZE CENTS DOLLARS EN PLUS
BLACK FACE
LES CINQ SALOPARDS
DES BLEUS ET DES DENTELLES
BABY BLUE
LES BLEUS DE LA BALLE
EN AVANT L'AMNÉSIQUE!
DRUMMER BOY